非行カウンセリング入門

背伸びと行動化を扱う心理臨床

藤掛 明 著

Ψ

金剛出版

はじめに

昨今、非行問題が注目され、盛んに論じられるようになった。

しかし、制度や社会は論じられても、実際の個々の少年たちに対する指導やカウンセリングについての道筋は意外なほどに示されていない。多くのカウンセリングの教科書や講習会でも、非行を扱うことはなく、病院や教育の臨床で扱われている理論と技術が紹介されている。非行のカウンセリングを行う場面で、教わったとおりのカウンセリング技法を使っても、かえって状況が悪化したり、何よりもカウンセラーその人がしんどくてしかたがないといったことが起きてしまう。非行カウンセリングや指導に際して、方向はずれの道に迷い出さないように、非行臨床独自の「目のつけどころ」を提示したい。そんな思いから本書の執筆を思いたった。

もう一つある。すでに非行の実務家の先輩たちが、その経験に即したノウハウや技法を世に問うている。私もそうした書籍や論文を読んで、ずいぶんと共感し、また励まされた。しかし、非行の宿命でもあるのだが、非行が、社会システムを激しく巻き込んだものであるために、どの次元からどのような目的で関わるかという「足場」によって、非常に見える「風景」が違ってくるのである。非行の場合、強力に介入する劇薬から、間をつなぐ偽薬まで、実務家はかなり具体的で実際的なノウハウを身につけている。しかしそのノウハウが具体的であればあるほど、「足場」

が違うとかえって使いづらいということが生じてしまう。

本書では、非行臨床という森を一望する地図を用意することを意図していない。また特定の「足場」のための立て看板のようなノウハウ集でもない。背伸びと過剰な行動化を繰り返す少年たちと関わりあうなかで、必要となる普遍的な原理原則をそのニュアンスも含めて紹介することを最大の目的にしている。そうすることで、多くの「足場」の人に、次に踏み出す一歩をどこに向ければよいのかを示すことができると考えた。私の力量の限界があるために、それは、ほのかであるかもしれないが、しかし面接者や指導者にとって、足下を照らす灯りのような役割を果たすことができれば幸いである。

最後に、本書は、家族療法や短期療法、また伝統的な矯正施設の査定や教育方法の影響を大きく受けているはずである。しかし、最近の私の常であるのだが、基本は自分の体験と事例に重点を置いている。「入門」という名に値しない実感と体験の書として本書を世に送り出したい。

二〇〇二年一月

藤掛　明

非行カウンセリング入門●目次

第Ⅰ章　非行の理解

一　非行臨床の視座

第1話　非行カウンセリングの独自性

●人がストレスに押しつぶされるとき

A子さんは、聡明で元気いっぱいの優しい娘さんですが、故あって高校を中退すると、すぐに小さな民間企業の営業で働き始めました。必死で働き続けた彼女に待っていたのは、その地域の販売成績トップの栄誉でした。ところが二年目からはばったり成績が落ち込んでしまいました。彼女の解決策は、ますます働く時間を増やし、熱意をもって、その事態を強行突破しようとしました。……彼女が覚醒剤に手を出したのは、一九歳の春でした。

B子さんは、環境問題や歴史の本を読みあさる文学少女でした。やはり故あって高校を中退しましたが、目先の進路については決めかねていました。勉強したいことがらはあるのですが、どうも夢半分で、現実的な次の一歩が見えてきません。彼女の解決策は、ひたすら部屋にこもって、時間に追われずに、納得いくまでじっくりと本を読んだり、考えたりすることでした。……彼女が、人前に出るのが怖くて、家から一歩も外に出られなくなったのは、それからまもなくのことでした。

人は、大きな障害や圧力に押しつぶされそうになったとき、非行や病気に至ることがあります。この二つの選択肢はかなり性質が違います。だとすれば、非行と病気を分ける分岐点はどこにあるのでしょうか。

人というのは、強いストレスのかかった状況下に置かれると二つの方向に反応すると私は思っています。それは一言で言えば「甘え」と「やせ我慢」のそれぞれの方向にです。「甘え」は、ちょうどB子さんのように、まず立ち止まって考えてみようとします。そしてへたりこんで後ずさりしていきます。周囲の人が声を掛けると、こんなに困っていると切々と訴えてきます。一方、「やせ我慢」は、ちょうどA子さんのように、これまで通りにとにかく頑張ろうとします。背伸びをして、強行突破しようとします。周囲の人がなにか助けの手を出そうとしても、本人からは、別に困っていません、こんなにうまくいっていますからというメッセージが返ってきてしまいます。B子さんには、素直さと脆さが、A子さんには力強さと不器用さが感じとれるように思います。

人は状況に応じて、この「甘え」と「やせ我慢」を使い分け、休んだり、頑張ったりしながら生きていくと思うのですが、適応状態が悪化している人は余裕がなくなり、そうした使い分けの柔軟性がなくなり、どちらか一方に偏ってしまいます。ちょっと大胆にデフォルメすると、こうした生き方が「甘え」に偏りすぎると病気の方向に、「背伸び・やせ我慢」に偏ると犯罪・非行の方向に向かっていくと、考えることができると思います。

●一般のカウンセリングで起きがちなこと

「甘え」「背伸び・やせ我慢」。この二つは非常に対照的で、ちょうど鏡のこちら側とあちら側といった感じさえしてしまいます。

たとえば、一般のカウンセリングの研修会や専門書などで勉強したことが、非行や問題行動に走る子どもとのかかわりに、それほど役に立たなかったという話をよく聞きます。またせっかく専門家に相談したのに、暴れる子どもの要求を聞き入れ、受容しなさいと助言され、それに従った結果、事態がさらに悪化していき、どうにもならなくなったという話も聞きます。

こうした話の多くは、専門家も親も、非行カウンセリングの独自性を意識していないところに大きな問題があります。非行に、一般的なカウンセリングや指導の原則をあてはめようとしたからです。へたり込む人には、抱え込み、励まし、待ってあげる姿勢は、どうしても必要なものです。しかし、背伸びして、自分に問題はないと叫び続け、少しでも動き回っていないと安心できない人には、まったく別の原則が必要なのです。

心理学や精神医学といった人間援助の学問の理屈は、病院や教育相談といった「甘え」と自立を扱う分野で発展してきたものです。だから、それを「背伸び・やせ我慢」の非行・犯罪に硬直的に当てはめようとするとうまくいかないばかりか、火に油ということもあるわけです。

●悪い人だから悪いことをするのか

それでは、非行や問題行動に走る子どもたちに、私たちはどのようにかかわればいいのでしょうか。そのことを理解するためには、まず、非行や問題行動に走る子どもたちの心の中で何が起きているのかを理解する必要があります。

それは悪いことをするのは、悪い人だからだという理解で満足するのか、あるいは悪いことと見られる行為自体に彼らなりの適応努力があらわれているのだと考えるのかの違いとなります。

たとえば、人に暴力を振るった人がいるとしましょう。それはその人が粗暴な性格だからと説明する人がいます。なぜそう説明するのでしょうか。答えは簡単で、その人が粗暴な行動を起こしたからです。非行に至った理由を本人の性格上の短所を重ね合わせて、環境上の負因を付け加えれば説明が付くというのは間違ってはいませんが、本当に大事な事柄が抜け落ちているように思います。少なくとも指導やカウンセリングにあたってあまり役に立たない理解の仕方です。

本書では「背伸び・やせ我慢」の心理を中心にすえ、非行の理解と指導について、明快な一つの視座を提示したいと思います。それは非行や問題行動は、彼らが自分の無力感や疎外感を受け止められずに、それを否定しようと必死に動き回る結果引き起こされているものだという考え方です。そしてそれらは彼らの適応に向けた努力としての性質が強いので、本人が何とかしようと頑張り、もがけばもがくほどかえって非行を再燃させてしまう悪循環があるのだという理解の仕方です。まずこうした理解の視座を端的に説明するために次節では、一つの事例を紹介することにしたいと思います。

第2話　ある予備校生との面接

●ある予備校生との出会い

私は仕事として、非行少年と面接をしています。主に少年鑑別所において、彼らの心の状態や立ち直りのための指導の方策などを明らかにすることが主な内容となっています。そうした面接を来る日も来る日も続けて五年くらいたったころだったと思います。非行を行う若者を、経済的困窮や家族の崩壊やはたまた能力といった周辺的な状況からではなく、核心部分というか、あえて非行をしなくてはならない彼らの内なる動機のようなものをもっと深く探りたいと思うようになっていました。ある予備校に通っていた青年と会ったのもちょうどその頃でした。

この予備校生クンは、夜中、車を盗んで、無免許で運転した事件を起こしたのでした。窃盗及び道路交通法違反という事件になります。警察に捕まり、家庭裁判所の最終処分を受けるまでの間、彼は少年鑑別所に収容されることになり、私が短期間の面接を担当しました。

当時、彼は、大学進学に向けて熱心に受験勉強をしていました。面接室で、彼は熱弁をふるって将来の進路について私に話してくれました。二回目の面接の時でした。彼にあらかじめ渡しておいた回答式の冊子を彼から回収してみて愕然としてしまいました。その冊子には簡単な掛算・割り算、これまた簡単な漢字書き取りのミニテストの頁が設けてあるのですが、これがあまりできていないのです。彼の学力は実は小学生程度だったのです。その後受けてもらった知能検査では、軽度の知的障害に該当する数値が出てきました。

しかし、彼は自信たっぷりに強気の発言をし続けます。彼は「なせばなる」といった感覚なのです。私には、どう考えても、中学校途中くらいからは、すでに学業でも、学校生活でも深刻な息切れ状態が始まっているように感じられました。強気の彼とは裏腹に、話を聞いている私にはなにやら痛々しいものが伝わってきてしまいました。結局彼は行き詰まったあげくに自暴自棄に遊びまわり、最後はバイクや車で暴走し、警察に捕まることを繰り返していたのです。

幸か不幸か彼の家庭は裕福でした。何かある都度、大学受験という目標は変えずに、親が目先の代替案を出してくれました。家庭教師をつける。転校をさせる。とりあえず専門学校に進学させる。海外の学校に留学させる。……彼自身もそうした両親の提案にしがみつきながら、一流大学への進学を果たすと豪語し続けてきました。彼は私に、事件のことは、自分の気の緩みや悪友の誘惑で、たまたま遊んでしまったからで、つい羽目を外してしまって単車や車の運転をしてしまったのだと説明してくれました。

一度、私はご両親にもお会いしました。ご両親は、予備校生の息子の気の緩みを嘆き、今度こそ再出発してほしいと願っていました。その話の内容は、筋も通っており、激励と配慮に満ちた対応を子どもに示しているようでした。

●背伸びをする裏側には絶望感がある

この予備校生クンとの面接を続ける中で、私には割り切れぬ思いが残りました。始めは、彼の進路設計の景気のいい話に接して、私は「常識の不足している子だなあ」とか「単純なやつだなあ」とか感じました。また、彼のいったん自暴自棄になった際のめちゃくちゃな行動には、「規範意識が崩れている」とか「いい加減な生き方だなあ」といった感触を抱いていました。しかし、そうした見方は、彼を表側から眺めていただけだったのだと思います。彼の内側を少しでものぞけば、必死になって彼は絶望感と戦っていたのです。そして、彼にとってそうした絶望的な状況にある自分を認めてしまうことはあまりに恐ろしいことでした。

彼は日ごろ、自分の能力の限界にはまったく目を向けずに、必死に背伸びをしていました。でも、おそらく進学やテストのときには、本当の自分の学力を思い知ることがあったでしょう。もっと素朴に学校生活のあらゆる場面で、失敗やトラブルを通して、自分の息切れ状態に直面させられるような辛さがあったはずです。それをいったん認めてしまえば、絶望が待っています。自分のプライドも、自分の人生イメージも、親の期待に応えることも、全部が壊れてしまいます。

だから、「もしかしたら自分にはそんな力はないのかもしれない」という思いがふつふつと沸き立ちそうになると、そんなことはあるはずがないのだと自分に言い聞かせて、そうした思いに強力な蓋をしているのです。具体的に自分の足りなさを自覚して葛藤することに比べると、こっちのほうが数段しんどい作業です。まったく問題がないと自分で自分を思い込ませるわけですから、余裕がなく、強行突破するか玉砕するか二つに一つという世界になっています。そして、時に蓋がずれてしまうと、絶望感に襲われます。絶望すれば当然のことながら合理的な判断や見通しは持てなくなるのです。彼は確かに絶望感と戦っていました。

●後悔はするが悩まない生き方

この予備校生クンを含め、このような「背伸び・やせ我慢」の生き方をしている多くの非行少年たちは、事件を起こし、補導され、冷静になると、我が身を振り返りながら後悔します。事件を起こしたことや悪い友達と遊びまわっていたことを悔やみ、もうしないと決意するのです。それはけっして嘘や演技ではないと思います。予備校生クンもまさしくそうでした。

しかし、後悔はしていますが、悩んではいないのです。あの時のあの行動がいけなかったのだと言ったり、その時の自分がどうかしていたのだと言ったりします。要するに、本来の自分は有能であり、しっかりとしていることを確認した上で、あの時悪友から電話がかかってこなかったら、こんなことにはなっていないのだと言い訳をしている姿なのです。

たとえば、非行を行った少年に、「なぜ非行をしてしまったのか」と尋ねると、多くの子どもたちが決まって同じ答えをします。一つは「意志が弱かったから」ともう一つは「自分は短気だから」というものです。これは、意志さえ持ち続ければ、あるいは短気にさえならなければ、自分はそんなことをするような人物ではないのだという言い訳が含まれています。

「背伸び・やせ我慢」とは、これくらい自分の弱さを認められない生き方なのです。そして、本質的なことがらを悩んで絶望に至らないように、目先の小さな失敗に目を向け後悔し続けているのです。

●再出発の決意の危なさ

さて、今度は、私が非行を行った少年に「今後は、どうするのだ」とたずねると、彼らの再出発の決意は恐ろしく勇ましいものとなります。もう絶対悪いことはしないし、バラ色の未来が待っているのだと真剣に言ってきます。

もう一〇年くらい前になりますが、少年鑑別所で「私への手紙」という作文指導のようなことを実践したことがありました。「事件を起こし、ここにいる今の自分に対して、もう一人の自分から、手紙を出してみてください」という説明をして、実際に書いてもらうものでした。どの子も思いのほか熱心に書いてくれました。「もう悪いことはやめろ」とか「これからはよく考えて生活を変えていけ」とか、読む私も、元気が出てくるような激励や熱意に満ちたものでした。ところがこんなことがありました。ある少年が「君はあの夢を忘れたのか。あのために頑張ってきたこれまでの努力はどうするのだ。もう一度挑戦してみろ。必ずうまくいくから」と「私への手紙」を書いてくれました。私は、彼の「夢」についてまったく思い当たりませんでした。その直後の面接で彼にたずねてみました。彼はすごすごと答えてくれました。「いつも夢はいろいろとあります。今は特にありませんが、なんとなく書きました」と。これは極端な例ですが、ほかにも「鑑別所を出たら、ドイツに音楽留学したい」「神学校にいって牧師になる」といった華やかな再出発をいくつか耳にしました。

経験的に言うと、この「私への手紙」でも、あるいは普通の会話の中でも、その人の再出発の決意が勇ましければ勇ましいほど、次の挫折が早くやってくる傾向にあります。なぜなら、そこには強力な悪循環が形成されている場合が多いからです。

●抜け出せない悪循環がある

つまりこういうことです。

ある人が「背伸び・やせ我慢」の生き方をしていて、壁や限界が来ます。そこで本人は息切れ状態に陥っているのですが、本人はそうとは思いません。本当はこれを機会に目標を下げたり、人に弱音を吐いて援助を請うたりすることも手としてはあるはずですが、本人は思いもしません。ひたすら、自分の頑張りが足りないからうまくいかないだけであって、この事態を打開するためには、従来以上にもっと頑張って、強行突破しなければいけないと思います。そこで、背伸び・やせ我慢の姿勢をさらに強いものとします。すると、ますます息切れ状態は深刻になります。すると、強行突破のやせ我慢もますます深刻になります。そしてそれは、ますます「ますます息切れ状態」になっていって、さらにますます「ますますやせ我慢」になっていきます。こうして雪だるま式に息切れ状態は深刻化していきます。

このように、「自分の息切れ状態を認められず、これまで通りに頑張ろうとする努力が、次のより強い息切れ状態を作ってしまう」現象は、まさに悪循環です。

これを図解すると図1のようになります。

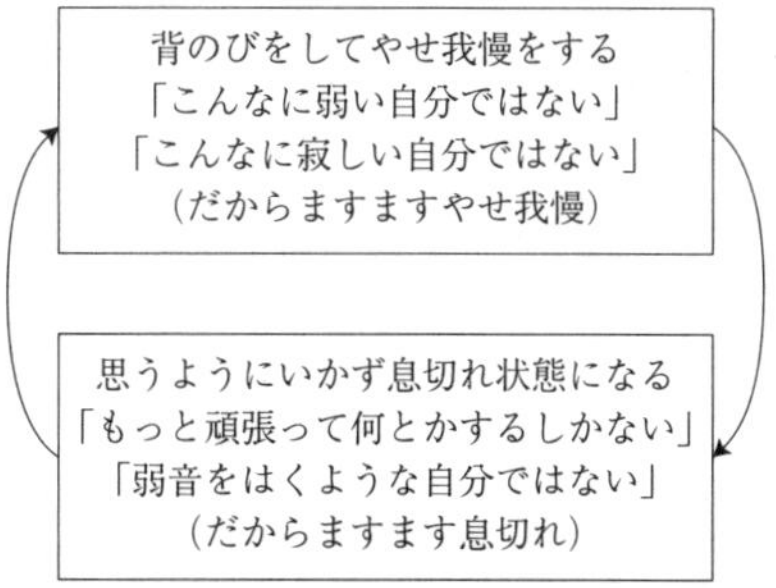
背のびをしてやせ我慢をする
「こんなに弱い自分ではない」
「こんなに寂しい自分ではない」
（だからますますやせ我慢）
思うようにいかず息切れ状態になる
「もっと頑張って何とかするしかない」
「弱音をはくような自分ではない」
（だからますます息切れ）

図1　個人のやせ我慢と息切れの悪循環

また、こうした悪循環は家族関係の中でも同時進行的に起こります。

そもそも「背伸び・やせ我慢」の生き方というのは、その起源においては、親の期待にこたえ、家族に貢献したいという気持ちから生まれているのです。そして、頑張りの限界に直面したときに目標を下げたり、弱音をはいたりしないのは、自分が頑張り続けることで、親や家族が喜び、安定するという感覚を持っているからなのです。それも、本人さえほとんど自覚できないような深さで持っているものですから、正体がつかめず非常に自分を縛る

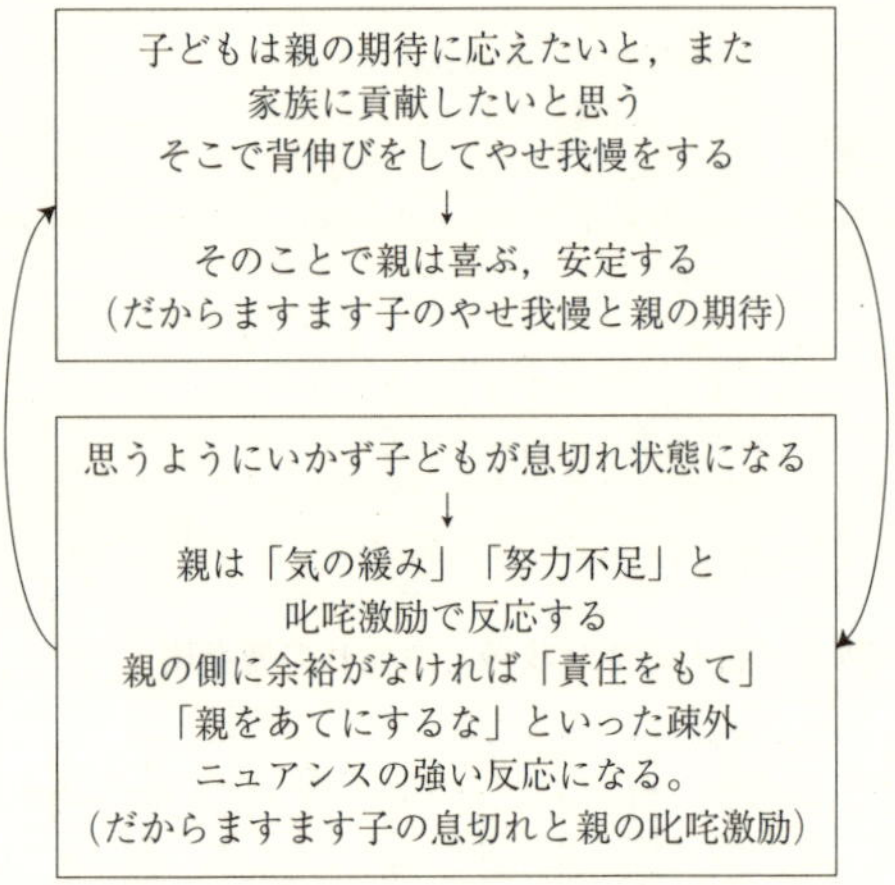
子どもは親の期待に応えたいと，また
家族に貢献したいと思う
そこで背伸びをしてやせ我慢をする
↓
そのことで親は喜ぶ，安定する
（だからますます子のやせ我慢と親の期待）
思うようにいかず子どもが息切れ状態になる
↓
親は「気の緩み」「努力不足」と
叱咤激励で反応する
親の側に余裕がなければ「責任をもて」
「親をあてにするな」といった疎外
ニュアンスの強い反応になる。
（だからますます子の息切れと親の叱咤激励）

図2　家族のやせ我慢と息切れの悪循環

ことになっています。そして壁にぶち当たり息切れ状態になると、本人ばかりでなく、親のほうでも、息切れ状態とは認めません。わが子の「気の緩み」「努力不足」と見なして、叱咤激励します。叱咤激励を受ける本人も同じです。ですから、この事態を打開するためには、従来以上にもっと頑張ろうとしますし、親も頑張らせようとして、本人の息切れ状態を深刻なものにしていきます。そしてそれがさらに強い叱咤激励を招くことになっていきますから、ここでも強力な悪循環が形成されることになります。

また家族の中での悪循環では、もう一つの悪循環もあります。親が子に期待しないことで起きる悪循環です。親自身に子育ての余裕がなかったり、非行の反復にうんざりして子どもに拒否的になっている場合に、よく見かけられるものです。親は子どもが問題を起こし始めると、突き放すような言葉を浴びせます。「自分で好きなようにしてよい」「自分の行動には自分で責任を持て」とか「親をあてにはするな」というメッセージなのですが、そこには、拒否的で排斥的な意味が含まれています。少なくともそう言われてしまう子どもの方では、頑張らないと自分に価値がないように感じられ、疎外されないように背伸び・やせ我慢の生き方を強化していきます。やはりここでも悪循環が形成されてしまいます。

こうした家族の中の悪循環を図解すると図2のようになります。

●指導者も巻き込まれる

私は、先の予備校生クンとの最後の面接でこう助言しました。「あまり目標を高く持ちすぎると、人は息切れを起こしてしまう。今回の事件だって、息切れしすぎてやけになった結果じゃないの。人生はマラソンなのだから、短距離ダッシュは絶対にダメ。大学以外だって、勉強はできるのだから、もっといろいろな可能性を頭を柔らかくして考えなければ……」

しかし、私のこの助言はまったく彼の心に入りませんでした。彼は、いちおう私の話に耳を傾けながら、しばらくしてこう言いました。

「……はい、とにかく頑張ってみます」

素朴な激励でも、またこのときの私の「頑張りすぎるな」という助言でも、いずれにしろ、「背伸び・やせ我慢」の生き方をしている人には、ますますやせ我慢をしながら頑張って達成すべき課題になってしまうのです。これは指導者や面接者のジレンマです。結果的には、やせ我慢の悪循環を維持させている親やほかの指導者と同じ位置にいるはめになるからです。

第3話　非行と無力感

●無力感はだれもが持っている

予備校生クンの話はいかがでしたでしょうか。ある方からは、こんな反応があるかもしれません。多くの非行少年は大学進学に苦闘していない。経済的に裕福だとも思われない。予備校生の例はやや特殊すぎはしまいかという反応です。しかし、そうではありません。彼の非行に至ったプロセスは非常に普遍的なものです。能力的制約がありながら、刻苦勉励して一流大学への進学を豪語している彼のあり方というのが、非行少年たちの無力感との戦いを理解するうえでわかりやすいと思ったので、最初の事例として紹介したわけです。実際には、これほど露骨でなくとも、ごくごく普通の非行の場合でも、やはり無力感との深刻な戦いをしています。

大学進学でなく、高校卒業や高校進学、そのほか進路選択でも、それらにまつわる挫折の体験は本人たちには重たいものがあります。試験の後やら進路相談会の後、はたまた留年決定の予感の時期、そして不本意な学校に進学しての間もない頃。いずれも自分の進路イメージが揺らぎ、無力感を刺激されてしまうときです。前回までの予備校生クンも、運転免許取得のための学科試験で不合格となって、いたく無力感を刺激されたその晩、事件を起こしたのでした。

さらに、成績のように目に見えるものでなくとも、本人からすれば大問題ということもあります。客観的にまったく問題がないように見えても本人が過敏に刺激を受けてしまうということがあるのです。自分の字が下手だと感じている子どもが人前で板書するとき、あるいは吃音があると感じている子どもが少しでも口ごもるとき、まわりがそれと気付いていないのに、本人が真っ赤になってしまうということはよくあることです。それ以外でも、人に口では勝てないと感じている人が、交渉場面で圧力を感じて引き下がると、過剰な敗北感を味わうことがあります。何かの役割を与えられて、傍目には頑張ってやったと評価されているのに、自分の行動力に自信のもてない人は、自分のいたらなさばかりを感じていらいらしてしまうこともあります。このように人それぞれが抱く無力感の例をあげればきりがありません。いずれにしろ自分が周囲に通用しない感覚や、周囲の人たちと対等にやりあえない感覚など、本人がそれを認めまいとあがけばあがくほど「やせ我慢・息切れ」の生き方になっていってしまうのです。

●無力感を認められるかどうか

十分に心の中におさめきれていない無力感というのは、誰にも大なり小なりあると思います。そしてある場合にはそれをバネにして向上や努力を重ねていくことができます。だから、無力感を抱えること、イコール悪いことではありませんし、イコール非行や問題行動につながるものでもありません。無力感を人にまったく見せようとせずに、自覚すらしないままに、やみくもに背伸びをしている姿の延長に、非行が起こっているのです。

私は、本当に成熟した生き方というのは、まず自分の無力感や、それを処理しようとしてあくせくしている自分の中の背伸び・やせ我慢の生き方を認めて受け入れることから始まると思っています。本当に更生していく子どもたちというのは、まず孤独で無力な自分を多少とも認めます。そして、良い意味で開き直って、「こんなにもダメな自分だけれども、これでやっていくしかない。ダメな自分なりに頑張っていくしかない」と言うことができます。その後の危機にも、背伸びをして強行突破をするような動きが弱まりますから、悪循環の連鎖が崩れ、行動は非常に安定していきます。逆に、自分の無力感を認められない子の場合、どうなるでしょうか。状況が悪化していればいるほど、起死回生のホームランを狙って、非常に高い目標を掲げて動き回ります。

少し突飛なたとえですが、私の友人に、プロ野球のある球団の熱烈なファンがいるのですが、同じようなことを経験します。シーズン途中になって、冷静に考えると優勝戦線から完全に離脱している状態にあると思うのですが、彼はいまだ優勝の可能性を捨てません。始めのうちは、選手のだれだれがもっと調子をあげてくれればとか、怪我で調整中の選手が復帰すれば、といった現実的なことを考えています。しかし、段々とその打開案の雲行きが怪しくなってきます。ついには、残り試合を全勝して、首位チームが全敗すれば優勝できるなどと暴論を吐くようになっていきます。またその頃になると、その球団だけが得をするような大型トレードを今年中にするとか、たまたま好投した投手を連投させるとか、現実味が限りなくゼロに近づいていきます。そしてテレビの前での観戦のときの応援の熱気や殺気はエスカレートしていきます。私の観察では、優勝の絶望感が強まるほど、一勝や、特定選手の活躍に対する感受性というか集中度が増して、まるで優勝したかのような騒ぎで喜びます。けっして夏場くらいでは、来シーズンに備えて若手を登用せよと彼は言いません。それでは応援する元気がなくなってしまうからです。

●非行は無力感を払拭する

これと同じことが人生で（それも洒落っけでなく真剣に）起きているのが「背伸び・やせ我慢」の生き方です。状況が悪化すればするほど、現実味のない打開策にしがみついていきます。百点満点の結果かさもなくばゼロかの極端な目標になっていきます。そしてじっとしていられず動き回ることで自分の気持ちを紛らわします。そして幻想的、部分的な「成功」や「達成」に視野狭窄的に自分の目を向け、とりあえずの充実感を味わっていくのです。

非行少年にとって、不良交遊や粗暴な振舞い、暴走族などの野蛮な遊び、どれもこれも、やせ我慢の末、最後の最後に、惨めで無力な自分を認めまいとして、必死に自己拡大感を味わおうとしている姿なのです。無力感を払拭するのに、直接、人を支配したり、人を威圧するような行動をとるというのは、幻想的ではあっても当人には「強い自分」を味わえる格好の体験になっています。恐喝や傷害、暴力行為、強盗、殺人など、ぶっそうな非行はみなこうした仕組みを持っています。どれも幻想的な打開策なのです。

性的な非行も、男性としての無力感を女性を弄ぶことで払拭するという意味が必ず流れていて、本人なりの幻想的な打開策になっています。薬物非行も、現実に立ち向かえない自分の弱さをまさしく幻想的に紛らわせるという意味があり、本人からすればやはり打開策であるのです。このように非行は、本人からすれば無力感を払拭するという打開策としての性質が入っていると言えます。

二　背伸びの心理の諸相

第４話　いきがりとおちゃらけ

●「いきがる」「おちゃらける」

これまで、非行少年の「やせ我慢・息切れ」型の生き方について説明をしてきました。総論的におおまかな輪郭をスケッチしたつもりです。ここからは、「やせ我慢・息切れ」型の生き方にもいろいろあるのだ、ということをお話ししたいと思います。

まず、「非行少年」といって多くの方が思い浮かべるのが、「つっぱり」「いきがり」といった荒々しい反抗的な姿ではないでしょうか。彼らは、思春期に突入したころ（つまり中学生のころ）からにわかに不良仲間に加わり、虚勢をはって悪ぶるようになります。親や教師などへの反抗的な態度が始まり、けんかなどの粗暴なエピソードが目立つようになります。そして夜遊びや深夜帰宅のような生活の崩れも生まれてきます。中学校卒業や高校中退以降も、気持ちの「いきがり」は持続し、行動力が増えるだけに、どんどん問題行動はエスカレートしていくことになるのです。

彼らの心の中をのぞくと、「いきがり」の裏側には、自分のふがいなさと戦い、疎外感と戦う彼らの実像があります。自分のふがいのなさを埋めあわせるために性急に自己拡大感を求めますし、寂しさをやわらげようとして必死に連帯感を求めています。それから、周囲に対して他罰的であるというのも彼らの特徴です。思い通りにならない場面では、自分以外に問題があると主張してきます。自分に問題があると少しでも認めてしまうと、自分が全部ダメになってしまうような感覚があるからです。それが表向きのぶっきらぼうで悪たれた態度を強力なものにしているのですが、同時にそれは、いきがらざるを得ない、余裕のなさを表しているのです。

さて、もう一つ、思春期の息切れの姿があります。それは「いきがる」人のように、攻撃的、反抗的なニュアンスを出さない人たちです。ひたすら「おちゃらける」人です。「おちゃらけ」には、「いきがる」よりも順応的な姿勢があるので、それが適度なものであれば適応的な現代若者気質にも通じるものがあると思います。しかし、過度におちゃらける場合は、やはり周囲からひんしゅくをかったり、叱責を招いたりします。おちゃらけには、ふがいなさとの戦いよりも、孤独で淋しい状況と戦っている場合が多いようです。ただし、おちゃらけがエスカレートすると、いきがりと同様に周囲への挑発となっていきますので、結果的には疎外、孤立していくことになりがちです。ちょうど、いきがる子が叱られると、ますますいきがるように、おちゃらけた子が道理を説かれると、ますますおちゃらけていくことになります。ここでも悪循環が形成されているわけです。

●おちゃらける少女

思春期の非行を話題にするとき、「おちゃらけ」については思いのほか、問題にされることが少ないような気がしますので、もう少しだけこのことを書きたいと思います。

かつて私が面接した少女で、「テレクラ」が楽しくてしようがないという中学生の女の子がいました。彼女は口を開くとそれまでの無表情な顔が急に愛くるしくなって、「カレシとホテルに泊まっていたので楽しかった」と、自分の家出生活を無邪気に話してくれました。しかし、そのカレシとは、日替わりのテレクラ売春の客であったのです。私は、複数の男性と家出中にホテル住まいをする話に、それじゃあ、カレシでもなんでもないだろうにと思いつつも、その言葉を飲み込みました。

彼女は、飛び抜けてひょうきんでした。いいかげんな生活態度も目立っていました。しかし、ひょうきんすぎるから脳天気に新しい出会いを求めてホテル住まいを続けているとは、とても考えられませんでした。たとえ一夜の関係であろうとも、優しい言葉をかけてもらえる受容感を味わうために、あえて飛び出しているのだと考えたら、彼女の普段はおそろしく孤独なひとりぼっちの世界にちがいないのです。そして彼女のひょうきんさは、そのおそろしい孤独な世界にいることを忘れるための、壮絶な戦いの姿ということになるのではないでしょうか。

彼女は、父親と幼い頃に離別し、思い出がありません。母親は優しかったが、まだ彼女が小学生のころ、こともあろうに彼女の目前で不慮の事故死を遂げてしまっています。そうしたことを踏まえても、しかし、彼女は「くよくよ」せずに、楽しく生きていると主張し続けてきました。おそらく寂しさに鈍感になるためには、そうした主張を取り下げるわけにはいかないのでしょう。

●彼らが悩まない理由

それでは、なぜある人は「いきがり」、またある人は「おちゃらけ」るのでしょうか。なぜ、困惑を素直に見せてくれないのでしょうか。それは、命がけで悩まないようにしているからなのです。

彼らが自分の人生や将来を真剣に考え、悩んだとしたらどうでしょうか。学校から落ちこぼれ、親には愛想づかれ、周囲からは浮いている現実があります。自分の中でも、自信がなく、良いものが見付からない状態にいることを直視することになってしまいます。不利な学歴、葛藤のある家庭。こうしたものは悩んでみてもそうは変わりません。まして相談しても現実は変わらず、かえって説教や非難を浴びてしまい、自分の無力な姿、孤独な姿に直面させられてしまうだけなのです。それは、死ぬよりもつらいことなのです。

すでに幾度も話しましたように、「いきがり」も「おちゃらけ」も周囲の非難と彼らの反発の強力な悪循環を形成しやすいために、なかなか事態が改善に向かいにくいということがあります。

まず必要なことは、何よりも私たちが、彼らがそうしたやせ我慢の背伸びをしたことで初めて不遇な状況を生き延びてこられたのだということを知る必要があります。先のおちゃらけたテレクラ娘に、現実を性急に突きつけて、（仮にそれが成功したとして）無防備なままに自分の孤独で真実な姿を直視させたとしたら、きっと生きていく元気や希望が持てなくなるにちがいありません。淋しい自分を認めても、また力のない自分を認めてもすべてが壊れてしまうわけではないということを感覚としてわからなければ、人が生き方を変えることは難しいことなのです。社会を敵に回し、楽しいことばかりだとうそぶく彼らに、そのやせ我慢の部分を腹で察してやりながら、個々の具体的な援助や約束を与えていくことこそが、彼らの生き方にしみいる関わり方となるのです。

第5話　いじっぱり

●「いじっぱり」という生き方

さて前節は、思春期の息切れについて、「いきがり」と「おちゃらけ」という二つのパターンを見てきました。今回は、それに次いで思春期を無事に乗り越えられたにもかかわらず、一八、一九歳以降に息切れが始まる人たちについて説明したいと思います。

読者のある方々にとっては、むしろこの思春期を乗り越え、青年期後期から成人期になってから始まる息切れ型の人のほうが新鮮な驚きと発見があるかもしれません。私は、このような人たちを「いじっぱり」青年と呼ぶことにしています。もちろん「いじっぱり」成人もいます。

彼らは、どの人もまじめで頑張りやで、これまでの生活や仕事に多少とも実績があります。なのに、唐突に非行や犯罪を犯してしまうのです。多くの場合、過去に非行や犯罪の経験がないために、周囲からは「気のゆるみ」「不運な状況の重なり」あるいは「悪い仲間の巻き込み」などと考えられてしまいます。しかし、どうもそうとは言い切れないように思います。確かにいじっぱり青年は、法的措置を受けた後はまた以前のまじめな生活に戻っていきますが、長い期間で観察していくと、また人生のほかの時期に再び同じような過ちを犯すことがままあるのです。彼らは、意欲も満点で、不遇な環境などびくともしないくらいに前向きな気持ちを持っています。しかし、その生き方に「やせ我慢の息切れ」がひそんでいます。思春期の嵐を乗り越えるだけの忍耐や努力の力は持っていましたが、その後の人生の危機や節目への対応については、そろそろやせ我慢が限界にきているのです。そして息切れの果てに、八つ当たりや憂さ晴らしを求めて、ささいなきっかけで粗暴な行動に出てしまう場合があります。また、強行突破や失地回復の可能性が僅かにでもあればそれに賭けて大胆な犯罪に手を出しまう場合もあります。

彼らの共通した姿をもう少し具体的に説明しましょう。

まず、彼らの思春期を見ると反抗期がない場合が多いと思います。本来反抗する時期に大きな生活環境上の変動があって、不満を出せない状況が続いていたという事情がくみ取れます。家族の経済的危機、家族の別れ・深刻な不和、病人の存在など実にさまざまな場合があります。やせ我慢の年季が違うのです。

また、危機場面に対しては、その対応が非常にワンパターンであることも指摘できると思います。新しい解決法を探ったり、人に援助してもらったりするような柔軟性がありませんし、自分の感情にも鈍感になっていて非常に視野狭窄になっています。ですから、進学や就職、出世、結婚といった人生の節目にうまく対処できずに、ぽきっと折れるように挫折し、唐突に失態を見せることになりがちです。

それから、今も弱音を吐かずにひたすら頑張り続ける生き方を続けています。思春期の「いきがり」や「おちゃらけ」の人とは違い、表面的な社交性はありますが、内面的な事柄は出してくれません。ただ、言外には自分の窮状を察して欲しいと強く思っています。苦しくなればなるほど、言葉で援助を求めるのではなく、自分がぼろぼろに頑張る姿を周囲に示すことで、無言のアピールをしているわけです。

●成功するいじっぱりもある

ただ、いじっぱりの生き方というのは、伝統的な日本人の良き生き方につながっている点もあります。犯罪や非行とは無縁で、幸福な人生を歩んでいる人のなかにも、いじっぱりで弱音を吐かずに、やせ我慢を続けている人が大勢います。いわゆる偉人といわれる人の多くは、この刻苦勉励の「いじっぱり」の生き方を身に付けた人たちです。いじっぱりがなければ、彼らはけっして社会的な成功を勝ち得ることはできなかったでしょう。それでは成功者のいじっぱりと非行・

犯罪者のそれとはどこが違うのでしょうか。

それはまず、社会や家庭に対する素朴な信頼感があるかないかによるのだと思います。裏返せば、自己肯定感覚の有無と言えるかもしれません。いじっぱりの逸脱者は、自分の人生のマイナスの条件を、社会や親によって背負わされている感覚がありますので、他者を頼りとすることへの不信感が根強くあります。だから弱みを素直に人に見せません。加えて、察してもらいたいが察してもらえるはずがないといったわだかまりもあります。そこでどうしても周囲の大人から見ると、かたくなで、かわいげのない存在になってしまうのです。

ところが、いじっぱりの成功者は、主体性があり、問題を処理するにあたって柔軟性があります。失敗しても自分を振り返り、それを認める余裕があります。同じまじめ人間でも、自己弁護が少なくて、かわいげがあるということになります。そういうこともあって、人生の大ピンチには、察してもらいたいと願うそのとおりに理解者や援助者がなぜか現れることになります。この違いは本当に大きなものです。

第6話　顔色うかがい

●「顔色うかがい」という生き方

思春期以降の息切れに、「顔色うかがい」とでもいえそうな生き方をしている人たちがいます。

ある牧師さんがこんな話をしてくれました。

「かつて犯罪（窃盗）を犯して施設に入ったことのある青年を自宅に迎いいれ、生活の面倒を見たことがあります。真面目で素直な若者で、私の家族ともなじみ、私も親のようにかわいがりました。仕事も順調のようでしたし、すべてがうまくいっていたように思います。ところがどうでしょう。三カ月くらいたったある日、突然いなくなってしまったのです。なんの兆しもありませんでした。その後もなんの連絡もありません。彼にはその時僅かばかりのお金も盗られてしまいましたが、それはどういう気持ちはないのです。もし、本人から自活するから援助してくれと申し出があったらそれ以上のお金を気持ちよく渡していたはずです。また、その心配していた私の気持ちも当然彼は分かっていたと思うのですが……残念です」

これはいったい何が起こっているのでしょうか。

それは一言でいうと、その青年は「自分が人から拒否されるのではないかという強い不安」と戦っていたのだと思います。たとえてみますと、ちょうど人が、一定の期間、食物に飢え渇くと胃が萎縮してしまう現象に近いものがあると思います。そのような状態の体は、突然食物が与えられても消化、吸収できません。愛情飢餓の場合もちょうど同じなのです。

不遇な環境を背負って、人生の早い時期から愛情の飢餓感と戦っている孤独な青年たちのことを考えてみましょう。彼らはみな、貧困や家庭の崩壊、能力的な制約などといった、けっして本人の責任ではない深刻な負因を、幼いころから無理矢理に背負わされ、そしてあえいでいます。

児童期（小学校時代）から、親や身近な大人からの愛情を確認しようとして、家の金を無断で持ち出したり、親類や友人宅で盗みを働いたり、店舗で万引きをしたりといった問題行動が行われます。そうした子どもは、心の奥底に、甘えや依存の欲求を肥大化させていますが、それを素直に出せないのです。自分のありのままの姿を出したらとうてい受け入れてもらえないだろうという感覚が非常に根強いからです。そして、自分に対する肯定的な感覚がなかなか持てないままに「拒否される不安」との壮絶な戦いを続けているのです。

実際のそうした子どもたちから昔の話を聞きますと、虐待や放置されているその現場にタイムマシンで駆けつけて、「あなたは犠牲者だ、悪いのは親であり、周囲の状況なのだ！」と叫んでやりたい気持ちになることがあります。しかし、どのようにひどい親であっても、思春期以前の子どもには、親の方が悪いという批判力はほとんどありません。逆に親に叱責され、拒否されてしまう自分が悪いと感じてしまうのです。思春期以降であっても、子どもが親を非難し、切り捨てることは、経済的、心理的な基盤を失うことにつながる危険があって、なかなか不満を口にするのは難しいことなのです。

●かかわり方がむずかしい

こうして「拒否される不安」を抱えながら、ひたすら我慢の生き方を選択していくようになると、その人の一見まじめで素直な感じが周囲に印象づけられることになります。しかし、よく観察すると、大人や指導者の前で「顔色うかがい」に終始していて、内面的な交流がなかなか図れない状態にあります。前述した「いじっぱり」に比べると、「顔色うかがい」の彼らは、大人や指導者の言動に過敏に反応するために、かわいげがあるし、指導場面では何も支障は起こしません。しかし、かかわりや指導がうまくいっていたと思っていたら、突然、非行や犯罪を再燃させたり、指導者の前からふいに姿を消してしまうのです。当の指導者からすれば、「かわいそうな子だったので、あれだけ情けをかけてあげたのに裏切られた」といった割り切れぬ思いを抱くことになります。

しかし、このような「顔色うかがい」の青年を指導するには、まず一朝一夕で解決できるような問題ではないことを肝に銘じなければなりません。裏切られながらも、一生をかけてねばり強くかかわっていく覚悟が必要になります。そして、わずかであっても、人に相談したり、人の援助を受けながら物事を達成する経験を積ませること、そして失敗をしてもそれだけで人から決定的に拒否されることはないのだということを、その都度確認し、その世界観を変えていくことがどうしても必要になります。

●献身パターン

この「拒否される不安」というのは、非常に心の奥底の戦いなので、なかなか常識ではとらえずらい面があります。

そこで、私が日ごろ感じている「顔色うかがい」の生き方について、もう少し具体的なパターンを次に大雑把にまとめてみます。

第一に、彼らは自分を必要としてくれる人を求めています。それも想像を絶するようなすさまじさで求めています。自分のありのままの姿を出したなら周囲は自分を絶対に受け入れてくれないという確信に基づいて生活していますので、ふつうの人間関係では、自分の弱さ、ダメさを刺激されやすく、つらくて仕方がありません。そこで、自分が明らかに優位に立てる人に結び付こうとします。たとえば真面目な女性がチンピラばかりに恋をする場合などはそうです。こうした人間関係は、尽くす側から見れば、「こんな人だからこそ私が必要なんだ」という感覚を強烈に味わえますので、自尊感情を潤わせることはあっても、自分の弱さ、ダメさを刺激されることはほとんどありません。「割れ鍋に閉じ蓋」カップルです。

かつて私は天涯孤独の青年の面接を担当したことがありました。彼は、街頭で新興宗教の若い女性から勧誘を受け、集会所についていきました。そこでは若い女性を中心とした若者との会食の席が待っていました。彼はすっかりその楽しさに魅せられてしまったのでした。なんと翌日に彼は数十万円もの布施を払いました。それ以後も、強要されたわけでもないのに、なけなしの金を布施として払い続けました。彼には、布施の意味もその宗教の教義もまったく念頭にありませんでした。集会所に五、六回行ったころでしょうか、金がほんとうになくなってしまい、布施がしたくともできなくなりました。すると急に気が引けて行きづらくなり、ぱったりと連絡を絶ったのでした。彼は、自分が布教対象者であり、寄付できる金があればこそ、相手に対して自分が価値のある存在だと安心して思えるのですが、それらが少しでも揺らぐと途端に逃げ腰になってしまうのです。

●先手必勝パターン、自棄的パターン

第二に、彼らは、相手に拒否される前に自分から先手を打って関係を切ろうとします。もたもたしていて相手に完全に拒否されて立ち直れないほどの痛手を負うより、自分から関係を切って拒否されるほうが、まだ耐えられるというわけなのです。それほど相手から拒否されることを恐れているのです。

たとえば、仕事をささいなことで辞めてしまう青年がいます。大きな失敗をして辞めることになるよりは、小さな失敗で早めに辞めてしまうことのほうが安心なのです。恋愛でも、熱烈な雰囲気の関係がピークを過ぎると、自分がふられることを妄想的に恐れて、自分のほうから別れ話を切り出す少女がいます。また、別の話で、一度でも性的交渉を持つと、それ以上かかわりを持たずに相手と別れる少女もいました。どちらも、さらに自分のことを知られて相手に嫌われるよりも、自分の印象の良いうちに分かれたほうが救いがある、という理屈なのです。分かれた直後は失恋の痛みに苦しみますが、相手からふられるよりは「まだまし」だと感じていますし、親しくなってから分かれるよりは苦しみが少ないととらえているのです。

ある施設暮らしの青年は、あるとき念願の実母との同居生活が実現しました。しかし、わずか数週間で住み込みの仕事を探して家を出てしまいました。とりたてて、母と喧嘩やトラブルがあったわけではないのに、です。実は、彼の中には、母親の前で自分の弱さ、醜さを出せない窮屈さがあって、自分が母親から完全に拒否されて取り返しのつかないことになるよりは別居のほうが安心であるという気持ちがあったのです。そういえば、彼は仕事も大きく失敗したわけではないのに、先手先手と転職を繰り返しています。彼もまた「拒否される不安」に震えていたのでした。

第三に、彼らは拒否されても傷つかない自分になろうとします。言葉を換えれば孤独に生きていくことに平気な人になろうとしています。悪い自分、一人ぼっちの自分が本来の自分なのだといった否定的な同一性を形作っていくわけです。だから人に援助を求め、相談しようとする意識が非常に希薄になります。ヤクザやヤクザ的な生き方に憧れる人のなかにはけっこうそういう人たちがいます。「どうせ大人はずるい、社会は信用できない」といった偏屈な態度も、人によっては自分が傷付かない防御壁になっている場合があるのです。

●感受すること

さて、これまで「背伸び・やせ我慢」の生き方について、各論を述べてきました。まず、思春期（中学生時代）の息切れについて、「いきがり」と「おちゃらけ」という二つの姿を説明しました。次いで、思春期以降の息切れの現れ方として、「いじっぱり」と「顔色うかがい」という姿をとりあげました。

ひとつひとつの姿は悲しいくらいに不自然で不幸な生き方に見えますが、どれも本人からすれば適応的な人生に向けた必死なやりくりの結果なのです。もし、その必死なやりくりを急に辞めたなら、どうなるでしょうか。孤独で情けない現実に直面して、それも本人の許容量を越えた過酷な現実に直面して、落ち込み、生きる気力が沸いてこなくなったり、顔面蒼白になって泣き出したりするかもしれません。くれぐれも、彼らのペースでゆっくりと現実に直面させていくしかないのです。それからもう一つ。「いきがり」も「おちゃらけ」も「いじっぱり」も「顔色うかがい」も、その程度と出し方と本人の自覚において違いがあるものの、何らかの状況で、私たちひとりひとりも使っているやりくりなのです。ですから、私たち自身の生き方を、非行少年の生き方と絶えず重ね合わせ、感受していくことができれば、それだけでそれをあえて言葉にしなくとも、いろいろな場面を通してじわじわと染みていくかかわりができるはずです。

面接者や指導者が、苦境にはひたすら強行突破していくだけの生き方を問題意識のないままに続けているような場合、息切れしている青年を見ても、ふがいのないダメな人間としか見えません。ところが自分自身の弱みや限界を直視している指導者には、意地をはり背伸びをする青年の身勝手さが、不思議なことに、けなげさにも見えてくるものなのです。

三　背伸びの心理の周辺

第7話　さまざまな悩み方と息切れ

●三種類の悩み方

ここからは、「背伸びの心理」について実際によく受ける質問を取り上げていきます。そうすることでいくつかの大切な論点について補足していきたいと思います。

まず本当に非行少年は悩んでいるのかという質問をよく受けます。

たとえば「私の知っている非行少年たちを見ると、とても悩んでいるとは思えません。本人たちも自分が悩んでいるなどとは一言も言いません」という質問です。

これは本質的な質問です。私の答えは「はい。悩んでいます。しかし自分自身でそうした状況を自覚していません」となります。

もう一度、最初に紹介した予備校生の話（一五頁）を思い出してください。自分の無力感を見るまいとしてあがいていたわけですし、そうした悩みなどみじんもないのだと言わんばかりに生

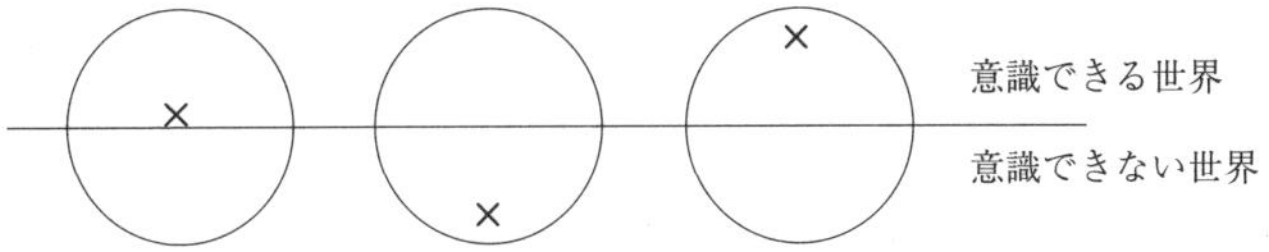

図5　図4　図3

活していたわけです。ですからそうした人に「あなたは困っていますか」と聞けば、向きになって「まったく困っていません」と答えるはずです。

「悩む」とか「自分の無力感に苦しむ」、「背伸びの息切れ状態にある」といった状態がどんなものかについて、もう少し違った角度から説明しましょう。

私は人が悩むとか苦しむというのはその自覚のレベルで三つの場合があると思います。人間の心を丸い円で表して、その真ん中に横線を引いて、それの上が「意識できる世界」、その線の下が「意識できない世界」とします。そして無力感や劣等感を×で表すことにします。

そうするとまず第一の自覚は横線の上のほうに×がある場合です（図3）。そうした感情を意識していますので、「困った。困った」と悩みます。葛藤します。端から見ても「ああ、悩んでいるのだな」とわかります。

第二は、横線の下のほうに×がある場合です（図4）。そうした感情を意識していませんので本人はまったく悩みません。自覚なしです。いつかどこかでそうした感情のしわ寄せが起きるのかもしれませんが、とりあえず今は正真正銘自覚されていません。抑圧しているのです。端から見ると悩んでいるとは見えません。

さて第三はどうでしょう。これは横線のあたりわずかに上のほうに×がある場合です。ぎりぎり意識上にある×です（図5）。本人もそこはかとなく、そうした感情を感じていますが、そうした感情を認めたくないので必死に蓋をしようとしています。しかし、端から見るとぷんぷんと臭ってきます。時おり感じないようにしていた無力感や劣等感を感じてしまい焦燥します。必死に蓋をしているはずの蓋が時おり力が緩んで外れてしまうのです。こうした場合、意識の世界でかすかにくすぶる感情を否定しているのです。「意識」「無意識」という言葉がありますが、さしずめこの第三例は「前意識」といったところでしょうか。本人は感じないふりをしていますが、身近な人から見れば、変に背伸びし、あえいでいる様子がよく伝わってきます。

そして、この第三の場合が、非行少年たちの悩み方の次元です。本書で再三でとりあげてきた「無力感の否定」「やせ我慢・背伸びの息切れ」といった場合この第三の場合をさしています。

私たちは「悩む」と聞くと、第一の場合の、くよくよしたり青ざめたりする姿を想像しますから、非行少年の姿と異なると思いがちですが、非行臨床で重要なのは、第三の場合のような悩み方です。悩めば悩むほど悪臭を放ちながら「まったく悩んでいない」とうそぶく悩み方です。彼らは悩んでいますが葛藤はないのです。どうぞ彼らの悪臭を感知して、虚勢の裏側をくみ取ってあげてください。

●非行実務家の足場と見解

第二の質問は、「非行の実務家の書籍を読んだり、講演を聴いたりすると、非行少年は悩まないと言っていることがある。やはり悩まないのではないか」というものです。

この質問も先の第一の質問とかなり重なっています。質問の論拠として、自分の体験でなく、非行実務家の言を引っ張ってきているのです。自分の体験では当てにはならないが、いやしくも実務を積んでいる専門家の発言なら間違いはしないだろうというのです。確かに実務家の発言には実務家ならではのリアリティがあります。そういう意味では間違いがありません。

私自身も「非行少年は悩まない」という趣旨の実務家の本を読むことがありますが、間違っているとはまったく思いません。むしろ共感し、啓発されることがままあります。なぜそうなのかというと、それは「悩まない」というのは、先の質問でいうところの第一の悩み方をしていないという意味で言っているからです。

それではなぜ第一の次元での悩み方を問題にしてそれを強調する実務家と、そうでない実務家がいるのかといいますと、それはそれぞれの「足場」の違いからくるものだと思います。一般に社会的、環境的な面への働きかけを行う立場の実務家は、常識的で実際的な接近をとります。ですから第一の悩み方、すなわち明確な意識次元での少年を観察し、説明しているのです。

「悩まない少年」
「悩みのないかのように振舞う少年」
「悩まないようにしている少年」
「悩まない生き方をしてはいるが、生き方自体は限界に来て息切れ状態にある少年」

どれもそれほど異なっているわけではないのです。後になるほど指導者の視点が人格の下層のほうにシフトしているわけです。

第８話　背伸びと指導場面

●やせ我慢はいけないことか

指導場面にまつわる質問も多くいただきます。

「やせ我慢・背伸びはそんなにいけないことですか。むしろ非行少年たちにはもっとやせ我慢や背伸びをしろと言いたい」といった質問です。

この質問に対する私の答えは「どうぞ普段のあなたのやり方で、びしびしと少年たちを叱咤激励してください」です。多くの若者は、失敗の度に少し背伸びをしながら成長していくものです。ただし、周囲から強力に叱咤激励され何度も受けながらも、同じような失敗や問題行動を繰り返し続けているのでしたら、やはりやせ我慢や背伸びをときほぐす働きかけが必要です。そして私が少年鑑別所や少年院で会うような子どもたちの多くはこのときほぐす指導が必要になっています。

私は「やせ我慢・背伸びの息切れ」タイプの人のカウンセリングをするときにはまず働きかける目標を次の二つのどちらにするのかを自問します。またどちらも可能であると思えるときにはまず、（一）の微調整の働きかけから行います。

（一）微調整を心がける。

やせ我慢・背伸びの息切れをしているが、そうした生き方はいっさい変えない。目標を少し下げてもらったり、似たような別の目標を見つけてもらったり、一時的に人の援助を得るようにしたり助言する。しかし、基本的にはその人のやせ我慢・背伸びの構えはそのままで乗り越えてもらう。

（二）生き方を変えてもらう。

微調整ではどうにもならないくらいに「やせ我慢・背伸びの息切れ」が深刻化している。本人に自己洞察を促し、やせ我慢・背伸びのスタイルがどこかで少しでも変わるように働きかけていく。

●やせ我慢には甘えはないか

「やせ我慢と甘えは正反対のものでしょうか。私自身は典型的なやせ我慢・背伸び人間だなあと思うようになりましたが、同時に自分には甘えがあります。これは子どもたちにも言えることだと思います。「どう考えたらいいでしょうか」といった質問もよく受けます。

なかなか鋭い洞察だと思います。

精神科医の土居健郎氏の言うような心理的で根元的な「甘え」という意味でしたら、「やせ我慢」はそうした「甘え」の一部と言えると思います。なぜなら「やせ我慢・背伸び」の生き方というのはその本質においては非常に他律的な生き方だからです。周囲の人から評価され、察してもらうことを求めて苦しむのですから、本当の意味で一人立ちはしていないのです。もちろん甘えと依存をストレートに出す人に比べると、「いじっぱり」の生き方がその典型ですが、表面的には我が道をいく自律的な人という錯覚を与えます。しかし、それはあくまでも錯覚にすぎません。

ですから相手の表面的な発言に振り回されることなく、また結論や正論を言葉で投げつけるのでもなく、彼らの「ほっておいてくれ」の影にある「助けてくれ」を腹で察してあげることが必要なのです。

第9話　普通の少年と非行少年の境目

●非行に至らない場合

普通の少年と非行少年の境目というのがどこにあるのだろうかという質問もよく出てきます。

多くの一般の若者にも「背伸びや息切れ」の心理は大なり小なり働いているからです。

「けっこう息切れをしながら人間関係のトラブルや派手な遊びをしているのに、法を犯すまでには至らず、いつもその手前で終わってる人がいます。どうしてそうなんでしょうか」

「非行を犯して法的措置を受けた後も、生き方は余り変わらないのに、非行を再燃せずにすごしている人が多くいます。本人は、いまだ背伸びを続けていますが、以前のような問題行動の暴発がないのです。このような場合、何が起きているのでしょうか」

このような非行に至りそうでそうはならない若者を見ていますと、なぜある人は非行少年となっていき、ある人は非行とは無関係でいくことができるのかということを考えないわけにはいきません。

まず最初に「無力感・疎外感の大きさ」ということを考えておく必要があります。「絶望感」の深刻さといってもいいかもしれません。自分だけを頼りとしていかざるを得ない、そして少しでも足を踏み外したらとんでもないことが起きてしまうという感覚です。またそれは低い自己像とも裏表の関係で、ひたすら防御する姿勢のまま、その人の人生全体にそうした絶望のトーンが広がっているのです。一七頁（絶望感）や三六頁（自己肯定感覚）に触れたとおりです。そして本人はそうしたことをかたくなに否定し続けているので、こうした絶望感の深刻さは背伸び・息切れの悪循環を推進するエネルギーとなって大きく影響していきます。

しかし、エネルギーが大きくても、背伸び・息切れの悪循環が多少とも緩やかになれば、非行・犯罪の方向に向かわずにすみます。非行のカウンセリングや指導においては、この硬直な生き方を解きほぐし、緩やかにすることで非行に向かわせない働きかけが一番重要になってくるのです。

●背伸びの緩和

それでは非行の手前でとどまっている人や非行を一過性のものとして離れていく人にはどのようなことが起きているのでしょうか。

第一に考えられることは、背伸びばかりをしているようにみえて実際にはそこそこへたりこんで甘えて、周囲の援助を得ていることがあります。本人や指導者が考えている以上に、はじめから背伸びと甘えの二つの選択肢をそこそこ使っている場合です。あるいは法的措置や指導者とのかかわりが契機となって、ある時期から二つの選択肢を使うようになったのに当事者や指導者がそれに気づかない場合です。

第二に、背伸び・息切れ型の生き方は、失敗してもますます失地回復を目指して頑張りがちですが、本人なりに一定の大きさやパターンで失敗した際には、理屈抜きでとりあえず一休みをするという安全弁を持っている人たちがいます。

一定の失敗とは、人によってまちまちですが、たとえば交通事故、仲間とのトラブル、仕事上の大きなミス、過度な遊興やギャンブル、飲酒による生活の乱れや借金、心気症状や体調不調感などです。こういった事態に「しばらくおとなしくする」「つきが変わるのを待つ」「ほとぼりが冷めるのを待つ」「厄払いをする」「頭を冷やす」などと言って、いつもの背伸びの度合いを変えて、一休みをするスタイルをとっているのです。こういう人たちは無自覚でブレーキをかけているという意味では危なかっしいのですが、なんとか非行や犯罪の一歩手前で納めているのです。

第三に、本人はあまり意識していないのですが、失敗することによってその都度保護や援助を引き出し、結果的に安定している人たちです。平素は保護や援助が十分に機能していないのですが、問題を起こすことで一時的にそうした機能が働くので、息切れが沈静化します。しかし永続はせずに次第に息切れ状態が再燃してくると、また新たな失敗を行います。もちちんこの失敗が大きくなると非行として逸脱し、非行常習者になりかねないのですが、やや小さめの失敗でも周囲が保護的に一応動いてくれるという点で環境上の深刻な崩れがない人たちです。

第四に、そしてこれがもっとも重要な事柄なのですが、「自分が背伸びをしている」「自分は無力感、疎外感を抱えている」という現実を多少とも自覚・洞察しているかどうかで非行への至りやすさに差が出てきます。多少とも自覚・洞察していれば、息切れはしても、変に問題行動として暴発することをある程度避けることができます。自分の認識と現実の姿が一致した安堵感のようなものがあります。

多くの非行カウンセリングでは、このあたりの感覚をゆっくりと浮き出させることを目標とすることが多いように思います。またこうした洞察と変化はより成熟した生き方に発展していく可能性を秘めています。

第10話　背伸びと不登校

●優等生型の不登校

「背伸びややせ我慢の話を聞いていると、そのまま優等生型の息切れで不登校になる子どもたちの生き方にも重なるように思えるのですが、どこが違うのでしょうか」

思春期以降、適応が悪化し、息切れ状態になり、その際にうまくその事態を乗り切れずに問題や症状を生じる。こういった大雑把な図式はどの臨床でも重なるところがあると思います。優等生型の不登校の場合は、さらに重なる部分が多いと思います。

しかし、大きな違いもあります。まず、息切れ状態が煮詰まって、もうだめだというときに、へたり込む方向に大きく反応する人と、なおいっそう無理を承知で背伸び方向にますます反応していく人がいて、不登校は前者で、動き回る非行は後者だということです。優等生型の不登校が、背伸び—背伸び—背伸び—へたり込み、だとすると、非行は、背伸び—背伸び—背伸び—背伸び、なのです。本書のサブタイトルを「背伸びと行動化を扱う心理臨床」としましたが、まさしく息切れ状態がきわまっても「行動化」を続けるのが非行の本質なのです。

それではへたり込みと背伸びを分けるものには何があるのでしょうか。よく非行少年は自我が強いので、病気にならずに行動化しているのだという言い方をします。この場合の自我の強さとはいったい何を指しているのでしょうか。

まず第一に、内的葛藤に巻き込まれない強さです。もし巻き込まれていたら、きっとへたりこんでいたにちがいありません。しかしこれは、同時に個人の内的世界に逃げ込む力がない弱さでもあります。少年鑑別所では、休日で日課が少ないときに、禁止されているにもかかわらず、執拗に備品に落書きをしたり、窓越しに他の部屋に呼びかけ雑談をしようとする少年が現れます。そうしたことを繰り返す少年に面接をして話を聞いてみると、本人はいろいろと言いますが、要するに日課の合間の一定の時間であっても、本やマンガを読んで空想を楽しむことに興味がなく、一人で時間をつぶすことに耐えかねているのです。「ひま」であることが彼らにとって深刻な苦しみになっているのです。そして内的世界に逃げ込めないので行動化していくのです。

第二に、神経症的なやりくりではなく、社会的関わり、社会的行動に向けてエネルギーを使っていく強さです。症状も、不登校も、非行も適応に向けた本人の努力といえるのですが、その中でも非行は社会に向けた行動としての性質が強く、社会内で一定の場さえ得られれば、生き方が変わらなくとも社会適応が可能な力を持っています。社会とのかかわりの中でやりくりをしなければ、無力感、疎外感を否定する甲斐がないのです。

こうした自我の強さに加え、もう一つの要因として、非行少年には幼いころからの感覚として、へたり込んでも助けてもらえない感覚があるように思います。困っていることを家族や身近な大人に表現しても、かえって非難や突き放しを受けてしまい、苦しい状況でも自分だけを頼りとせざるを得ない感覚です。非行少年にばらばらな関係の家族が多いといわれるゆえんです。だから、はたから見れば勝ち目のない戦いであっても背伸びをしながら強行突破していくしかないのです。

●へたり込みと背伸びの選択

「不登校で引きこもりながらも、その後数年を経て、非行を起こした子どもがいました。この場合は背伸び・行動化型の人と考えればよいのでしょうか」

この質問は、背伸びとへたり込みという類型的な理解をどう考えるか、につながっています。だれでもが、背伸びをしたり、へたり込みをしながら生きていきます。人によってどちらの方向を選びやすいということはあると思います。しかし、どちらか一方だけを硬直に選び続けていくとなるとかなり不適応的となります。非行を繰り返す少年を見ると、絶えず背伸びの方向に極端に傾いているように思います。

しかし、背伸び方向に極端に傾いていても、ある状況下でへたり込みを選択することもあります。へたり込みと背伸びとをそれぞれに揺れ動きながら試行錯誤していくような場合もあります。また思春期のエネルギーにあおられて、一時的に行動力を発揮したものの、その後へたり込み出す場合もあります。

たとえば中学校や高校途中までは夜遊びと暴走族に参加していた少年がその後一人でシンナー吸引を始め、家からあまり出なくなったというようなことはままあります。

また中学校時代に引きこもりを続けた少年が、一年くらい後に外出を始め、パチンコを覚えるようになり、二〇歳前後からはパチンコ代ほしさと親への当てつけから自宅近所で空き巣を繰返すようになった事例もありました。彼などは、始めはへたり込みを中心に選択していましたが、加齢と共に背伸びと行動化を選択し始めたのでした。彼にとってはパチンコも空き巣による現金の獲得も平素のふがいない自分を払拭し、幻想的な成功体験を得る行為であったのです。

ですから、背伸びとへたり込みは、より正確にいうなら、だれであってもどちらにも選択し得るものなのです。たとえば引きこもり型の不登校児はへたり込み方向に硬直に選択を続けているのでしょうし、非行少年であれば、背伸び方向に硬直に選択しているのでしょう。ただ、そうした傾向が極端であるというだけであって、へたり込みばかりを続けていた若者が背伸びをしたり、逆に背伸びばかりの若者がへたり込んだりすることは当然ありますし、カウンセリングではそうした硬直化した選択のあり方を解きほぐすことに主眼が置かれるわけです。

第11話　背伸びの心理と家族の動き

●ばらばらな家族、こちこちな家族

「非行少年の家族はどこかばらばらな感じがしますが、それと背伸びは関係していますか」

「家族の背伸びと息切れの悪循環について（二二頁）ですが、『もっと努力せよ』と叱咤激励する家族と『親を当てにするな』と突き放す家族とではかなり違う気がするのですが」

といった家族についての質問もたくさんいただきます。もちろん、家族のばらばらな感じと背伸びは関係しています。他の人を頼りとせずに背伸びをするのは単純に考えて、つらいからといってへたり込んでもどうにもならない感覚があるからです。そうしても周囲からほうっておかれると感じているのです。

たしかに非行のどの家族にも確かにどことなくばらばらな感じがあります。そうした「ばらばら加減」には次のような四つの場合があるように思います。

ばらばらな家族。

まとまりはあるが、硬直した家族。

急にばらばらになった家族。
隠れたばらばら家族。

第一は、根っから、ばらばらな家族です。

これは、家族が情緒的に結びつきが弱く、家族の外に関心を向け、問題の解決も家族の外に求めようとしている家族です。こうした家族はどこをとってみても、関係がばらばらです。家庭では、敵意や攻撃心がストレートに表現されますし、何かあると家族の外に外に向かっていくわけですから、子どもも外に外にと追い出されていきます。ですから子どもは早くに家庭から独立したり、家出を常態化させてしまうことがあります。家族の中のきまりが矛盾していたり弱かったりするので、幼い頃から与えられたきまりに沿おうとする体験が欠けています。彼らは権威や大人を心底嫌い、自己主張をしますので、対応が難しいものになります。小学生時代から大人や教師に反発し、家の外に行動の範囲を広げて、問題行動を繰り返す場合には、まずばらばらな家族に育ったと考えることができると思います。

第二は、まとまりはあるが、こちこちの家族です。

これは根っからばらばらな家族と動き方は逆です。家族が情緒的に強く結びついて、家族の中に関心を向け、家族として問題を解決しようとする動きが目立つのです。これだけでしたら非常に健康な特徴です。しかし、こうした家族の動きが硬直化すると、とたんに困り始めます。家族のまとまりも、形式ばるとどこか冷たい感じになっていきます。

そもそもこうした家族は、互いの結びつきが強いので、家族の構造が安定していて確固としています。家族にきまりがあって子どもはそれに従って行動していきます。子どもをはじめ家族メンバーは、自発性よりも権威と秩序に基づいた行動をとろうとします。ところが、そうした動きが硬直化すると、親の生き方が無批判に肯定されて、親からの期待圧力が子どもにそそぎ込まれます。どの親もそういう家族の中にあっては理想像であり、権威となります。子どもも親の期待にこたえようと必死に頑張ります。子どもは自分の怒りや不満といった否定的な感情を表現する術が乏しく、明るく優等生ではありますが、コミニュケーションがうまくありません。こうなると、子どもは親の期待にこたえたいと思って背伸びとやせ我慢をし、息切れ状態に陥っても、不満や弱音を吐くことができません。親も自らの期待圧力を柔軟に調整しようとは思いません。そのまま悪循環が続いていってしまうのです。

ばらばら家族に育った少年の背伸びは、思春期以前から身につけている態度が、行動力の増大とともに露呈してきたような感じがありますが、こちこち家族に育った少年の背伸びは、親の期待にこたえられない無力感の処理ができずに、思春期の嵐の中で突然破裂するような感じがあります。

●ばらばら家族の二つのバリエーション

第三は、子どもの非行化によって、急にばらばらになった家族です。言葉を換えるともともとは第二のタイプだったのに、途中から第一のタイプに突然シフトした家族です。

これは、本来凝集性の強い家族が、子どもの非行化により、子どもの激しい非難や攻撃を受けて、親が逃げ出してしまうことで起こる現象です。なにしろ、子どもは権威を守り、柔順に親の指導に従う姿勢が強かったわけですから、子どもの非行化は、その家族にとって大地震のような破壊的な作用を及ぼします。ですから親が子ども自体に拒否的になったり、家族としても子ども以外のさまざまなところでガタが出てきて余裕がなくなります。これまでだったら、子どもに対して「何やっているんだ」と干渉していったところを「勝手にしろ」と腰を引いてしまうわけです。子どもの問題行動や失敗に対して「気を緩めるな」「努力が足りない」と叱咤激励する家族は第二のコチコチの家族です。子どもが非行を繰り返すなかで、「自分で責任を持て」「親をあてにするな」と突き放すニュアンスで叱咤激励するようになるのは、ひけ腰になって、ばらばら家族にシフトした家族です。

第四は、隠れたばらばら家族です。

こうした家族はどこかよそよそしくて、直接本音をぶつけあうというよりは、他人や物や金を使って親が子を管理していくような関係が見られます。習い事に通わせるために熱心に動き回っているのに、子どもの気持ちを親があまり知らないのです。親と子どもの境界線が思いのほか弱く、親が子に依存しているために、親が子の背伸びや息切れについて洞察することができません。現代的ばらばら家族とでも言えるかもしれません。

このように、家族の動きは、非行少年の背伸びと息切れの生き方と密接にかかわっています。そして非行少年の背伸びと息切れが変化していくとき、家族もまた変化していくのです。

第Ⅱ章　非行のカウンセリング

四　非行カウンセリングの前提にあるもの

第12話　運命と時間

●現実を受け入れる

この章では、非行のカウンセリングや指導について考えていきたいと思います。これまで繰り返し説明してきたことですが、非行や犯罪に陥っている彼らは、実は、無理な背伸びややせ我慢をしすぎているからこそ、動き回って息切れし、大きな失敗を犯してしまうのです。そして周囲の指導や激励を受けると、ますます背伸びとやせ我慢を高じさせてしまい、なかなか息切れの悪循環から抜け出せません。それでは私たちはどうすればいいのでしょうか。励ますのも逆効果。叱りつけるのも逆効果。道理を説くのも逆効果……。

まず、私たちは、非行のカウンセリングや指導を行う際には、謙虚に人間の「運命」ということを考える必要があるように思います。私たちは知らず知らずの内に「人は頑張れば何でもできるはずだ」という人生観を身に付けているような気がします。

ある時期、啓発的なカウンセリングで、「セルフ・イメージ」を高めましょうという主張をよく耳にしました。自分の肯定的な面に目を向け、積極的なプラス思考をし、自己実現を目指そうというのです。もっと自分の才能と可能性があるのだから、それに期待しましょうというような主張です。そしてその主張はそのとおりのことなのです。しかし、それだけが強調され過ぎると、話は少し違ってきます。本当の健全な「セルフ・イメージ」というのは、まず自分の弱さ、寂しさをきちんと見つめて、それを認めた上で、こんなダメな自分だけど、自分のできる範囲でやっていくしかないのだと踏ん切るところから生まれてくるのだと思います。良い意味で開き直ることがないと、ただのカラ元気で終わって、ますます息切れが深まっていくことにもなりかねないのです。

●運命の重みを感じる

人生の運命を感じることのできる指導者は、非行少年に向かって、もちろん励ましの言葉をかけますが、決してすべてを変えようとは思いません。そして彼らの抱え込んでいる人生の負因について、軽々しく「頑張って何とかすればいいじゃないか」とは言いません。

考えてみますと、非行や犯罪を行う人たちは、けっして本人の責任とは言えない深刻な負因を幼い頃から背負い込まされている場合が多いのです。彼らは、ふつうの相談機関から援助を受けることがあまりありません。その要因として、経済的にも精神的にも余裕がない暮らしぶりの場合もあります。また自分の困惑や悩みに鈍感で、周囲に依存しながら事態を好転させていくのだという気持ちに乏しいこともあります。いずれにしろ、強制的な力の伴う司法制度（警察による補導など）によって初めて彼らへの本格的な援助が行われることになります。しかし、わずか数カ月、数年のかかわりで、彼らの人生の問題のすべてが解決できるわけがないのです。たとえ、指導者から見ればダメでめちゃくちゃな生き方だとしても、それは彼らの「命がけの運命との戦い」の結果なのです。人は努力によって人生のすべてを変えられる。これは時に真実となり、時に絵空事となります。端にいる指導者が情熱や技術や信念ですべてを解決し、変えていくことなどできるわけがないのです。ただ、彼らの人生の大きな流れの幾分かに棹さすことができるだけなのです。

このような姿勢で、限られた時間や関係のなかで、できる範囲の援助を行うことが、背伸びの息切れ状態にある人々へのカウンセリングや指導の最大の前提になります。だから、息切れしている人に、頭からそれではダメだとは言いません。まず「これまでは、そうした生き方をしないとやってこれなかったんだ。そうやって背伸びし、我慢してきたからこそ、こうして生き延びて来れたんだ」といった思いを込めながら、話し始めることになるはずです。

●時間の重みを感じる

人の生き方に「運命」を感じ始めると、今後は「時間」の重みもひしひしと感じるようになります。とりわけ思春期危機が中心となる非行少年の場合、時間の果たす役割は絶大です。ある指導的な立場にある非行臨床家は、非行少年への働きかけのポイントとして「時間かせぎ」を挙げています。本人がある程度成長し、成熟するまでは「時間かせぎ」をするしかない場合があると指摘しているのです。確かに一八、一九歳で落ち着き始める少年は多いのです。

この一八、一九歳で落ち着き始める現象を「やせ我慢、背伸び」の観点から考えると少し違った見方ができます。「やせ我慢、背伸び」をかたくなに続ける彼らも、時間の経過とともに、本人の成長以上に周囲との関係の在り方に変化が生じて、良い意味で開き直れるようになるのです。この辺の事情を、非常に端的に指摘した文章がありますので、少し長くなりますが引用します。

「同年齢の者が高校を卒業する頃になると、非行少年のかなりの者は仕事に落ち着くようになる。同年齢の多くの者が学校を離れ、大人並みの生活をするようになると、社会で生きる条件として、学歴がそれほど強い影響力を持つわけではないことに気づき始める。

〝悪い自分〟であっても、経済的にはそれほど遜色のない生活が送れるという実感が得られ、無理に大人であることを強調する必要はなくなる。さらに、学校に縛り付けられてきた同年齢の者が大人ぶった遊びをするようになるとそれまでやっていた不良行為の魅力は後退し、仕事をしている限り、高卒者と同じような生活ができると実感する」（澤田豊「悩まない非行少年」月刊少年育成、一九九四年一〇月）

このように、指導者の努力とは別に、周囲との関係性が変わり、一〇代の終わり頃になると、確かに学歴によって生じる無力感や疎外感は弱まっていきます。そして、良い意味で開き直ることができるようになるので、自分の現在の境遇を受け入れやすくするのです。

第13話　「とりあえず」の援助

●二つの援助方法がある

私たちは、「運命」の持つ厳粛さを感じ、「時間」の持つ力強さを感じるようになると、今度は目先の問題をとりあえず解決していくことの大切さをあらためて感じるようになります。

ここに不登校の少年がいたとします。そして、その父母が父母間で深刻な確執を抱えたとしましょう。家庭では夫婦喧嘩が絶えません。指導者は、家族関係の調整に主眼を置くことにしました。家族葛藤は根深く、長期間の継続的で精力的な指導や面接によって、ようやく夫婦関係や家族関係を動かし始めるようになり、さらにその結果、その少年も一年ぶりに学校に通い始めることができました。これは幸いな展開の一例です。

しかし、です。こうした働きかけとは対照的なまったく異なる展開を導くことも可能なはずです。指導者が、とりあえず少年が学校に行けるように配慮し、父母にも登校再開に関しては協力しあってもらうようにします。そして、きっかけや刺激を用意することで、ほどなく登校が再開し始めるのです。両親の仲は大きく変化しているわけではありません。しかし、登校はした、という展開です。

前者は「本格的な改善」に向けての働きかけであり、後者は「とりあえずの解決」に向けての働きかけです。前者は専門家的であり、後者は常識的な働きかけです。どちらが良いのでしょうか。どちらも重要な方法で、ケースバイケースというのが本当のところでしょう。専門も常識も共に必要で、どちらか一方だけに偏ることが危険なのです。あえて順番で言えば、まず「とりあえずの解決」を図った上で、それでは通用しない場合に、専門的、本質的な働きかけをすべきです。目先の問題が解消し、その後も問題が再燃しないであろう場合には、たとえ夫婦が不仲であってもそれはそれで一つの家族の生き方と考えるべきだと思います。

●「やせ我慢」の援助も同じである

「やせ我慢、背伸び」の生き方をしている人々に対する援助でも同様なことが言えます。まず頑張ることでやっていける場合には、叱咤激励を中心に与えたほうがいいことがあります。そうした働きかけで通用しない場合に、はじめて「やせ我慢」の生き方をときほぐすようなカウンセリングが必要となってくるのです。とくに、司法制度のなかで活動する指導者の場合、担当する非行少年たちは、幾度も叱咤激励を浴びてきており、かつそれであまり効果があがっていないことがほとんどです。だから「やせ我慢」のカウンセリングが有効なのです。そういう援助方法の順番をわきまえ、「とりあえずの解決」を図ることができないかどうかを、常に念頭におく必要があります。

しかし、ある人にとっては「とりあえずの解決」というのは、あまりにも表面的、短期的な方法に感じられ、抵抗があるかもしれません。その場は良くても、長期的に見れば結局おなじような問題が再燃するのではないかという疑問があるのだと思います。ところが、この「とりあえずの解決」を図ろうとするなかで、実はより本質的な問題も改善されていくことがあるのです。たとえば、さきほど例にあげた不登校の少年の話ですが、「とりあえずの解決」を取ることによって、夫婦関係は問題にしませんでした。しかし、子どもの登校再開のためには協力しあって具体的な配慮をしてくださいとお願いしたとします。夫婦で話し合い、協力し合う機会が増え、結果的に夫婦関係も格段に改善されてしまう場合がままあるのです。人生の妙です。

●行動のパターンを変える

さて、「運命」と「時間」の重みを感じ、「とりあえずの解決」をも視野に入れながら指導を始めると、次に何が起こるでしょうか。内的な葛藤や深層心理よりも、現に起きている行動のパターンの在り方のほうが気になってきます。また、過去の出来事よりも、未来に向けた可能性のほうが気になってきます。

だいたい少年が非行を起こせば、何か原因があるはずだと考え、周囲の大人は原因探しをしがちです。しかし、原因探しをいくらしたところで解決にはなりません。それどころか、そうした原因探しは、たいていの場合、自分自身がラクになろうとする動機で行われますから、非常に他罰的で、的外れになりやすいのです。

それよりは現在の行動のパターンをほんの少し変えることから始めるほうがずっと建設的です。では、どの部分の行動パターンをどのように変えればいいのでしょうか。それは、「背伸び、やせ我慢」の悪循環のどこか一カ所をほんの少し変えるのです。これまで幾度も説明したように、「背伸び、やせ我慢」の生き方は容易に悪循環を形成してしまいます。「背伸び、やせ我慢」の息切れにより問題行動化したにもかかわらず、周囲が〝気を緩めずに頑張れ〟という指導を加えることで、ますます息切れが深まっていくという悪循環です。だとすれば、この悪循環のどこかが少しでも変われば、その連鎖は止まるか、あるいは非行とは関係のない循環にとって変わることになります。そして、悪循環が音をたてて崩れるときの急激さを実感できるようになると、悪循環を断ち切るには、ほんの僅かな「変化」で良いことがわかります。

こんな非行少年がいました。孤独な状況で育ち、いつも自分一人で生きていかねばならない青年でした。飯場暮らしを転々とし、歯を食いしばって生きていましたが、それも息切れして非行に至ってしまったのでした。彼はその後、少年院に収容されました。私が彼に初めて会ったときは、少年鑑別所の面接室でしたが、あまりに表情が乏しく、話す内容も非現実的なのに度肝を抜かれてしまいました。少年院での生活がどうなったのか、私は出院間近の彼に会いに行きました。「ここするとどうでしょう。そこには表情豊かな彼がいました。彼はいきいきとして言いました。「ここで、生まれてはじめて人に相談する経験をしました」と。彼が言うには、これまで人に悩みを聞いてもらうという気持ちも経験もなかったのが、少年院にきて担任の先生が親身に声を掛けてくれたので、日記で少しずつ相談めいたことを書き、ついに半年後にその先生に相談をしたのだそうです。生まれてはじめて人に相談し、依存する経験をした彼はその後、他の先生にも、他の少年にも心からのかかわりを少しずつでしたが持てるようになったと言うのです。私は何を相談したの、と聞きました。彼は少しためらって、顔もあまり覚えていない母親のことを想う気持ちを聞いてもらったのだと教えてくれました。私は、確かに生き方の変わりつつあるその青年の成長に目を見張りました。私には、これからは困ってもいきり立たず、周囲の声に耳を傾けていける彼の今後の生活が見えるようでした。たった数行の文章や数十分の相談であっても、波紋が広がるように生き方は変わっていくのです。

不遇な環境を背負い、とても人生が変わりそうにない彼らに、ほんの僅かな新しい「変化」を謙虚に期待するところに、非行・犯罪にかかわる指導者の醍醐味があるように思います。

五　外来でのカウンセリング事例

第14話　仕切りの面接（太郎君とのかかわり①）

●太郎君との出会い

少し具体的な事例を通して、背伸びと息切れの悪循環におちいっている非行少年とどうかかわっていけば良いのかをみていきたいと思います。

もうかなり前になりますが、太郎君（仮名）の面接を担当したときのことを振り返りながら考えてみることにします。

太郎君は、サッカー好きなスポーツ少年でした。中学校に入ってからも、運動と勉強を両立させ、充実した毎日を送っていました。中学校二年生になったころでしたが、サッカー部の三年生で、ちょっと不良っぽい人たちが数人いて、急速に親しくなりました。マネ半分、遊び半分でその先輩たちと行動をともにしているうちに、いつのまにか「つっぱり」の仲間入りを果たしました。集団でけんかをしたり、万引きをして、警察に補導されました。高校には進学しましたが、すぐに中退してしまい、一気に生活が崩れてしまいました。シンナーの吸引がはじまって止まりません。ささいなきっかけで相手かまわずけんかもしました。正式メンバーではありませんでしたが、暴走族にも参加するようになりました。

一八歳になったばかりの春、彼は再三の警察の補導の末、家庭裁判所の決定で保護司による指導をうけるようになっていました。しかし、その投げやりな態度に変化の兆しはありませんでした。そして六月。シンナー吸引とけんか（傷害）で彼はとうとう少年鑑別所に収容されることになりました。そのとき少年鑑別所に勤務していた私が彼の面接を担当することになり、彼とのかかわりを持つようになったのです。面接室での太郎君は表情が暗く、少し無愛想でした。彼は私に対して、恋人のために立ち直るつもりであることをしきりに強調してきました。それもほんのわずか数週間前に交際しはじめたばかりの恋人のために、なのです。その再出発の決意の勇ましさは、やはり今後の彼の生活の危うさを感じさせるものがありました。やせ我慢の悪循環にはまっていたのです。聞けば、シンナーも「暇つぶし」に一人で日常的に吸引するようになっており、長時間吸ったときには「死にたい気持ちになることもある」と話してくれます。ここ数年、彼の家では、両親の別居話が幾度となく浮上していましたが、私との面接では、仕事漬けの頑固な父親への不満をわずかに口にした程度で、それ以上は話そうとしませんでした。私が家族のことを尋ねると、「悪いのは自分だから」と幾度も言葉を返してきました。私はかえって彼の寂しさを感じてしまいました。彼は要するに「私は寂しくないし、ましていわんや親（母親）に不満をいって困らせるわけにはいかない」という言外のメッセージを自分の気持ちに詰め込み、今にも破裂しそうな状態にあったのだと思います。

●少年鑑別所というところ

さて、ここで事例の進行を止め、太郎君の収容された少年鑑別所とそれに関連した法的な制度について、少し説明をしておきたいと思います。

まず「少年鑑別所」と「少年院」の違いを説明します。一言でいうと、少年鑑別所というのは診断・査定機関で、少年院は教育機関です。家庭裁判所の処分を決める前の段階で、少年鑑別所は収容した少年の「性格や非行性」の査定を行い、今後の指導方法などについての提言を行うのです。そしてその後、家庭裁判所の処分が決まり、多くの少年たちは家族のもとに帰っていきます。多くは「保護観察」という処分に付され、近所の保護司の先生の指導・監督を一定の期間うけることになります。残りの数割の少年たちは、施設内での体系的な教育が必要という判断がくだされ、少年院という教育施設に収容されることになります。

一般的な例で少年鑑別所への収容までの流れを説明するとこうなります。まずある少年が非行を行い、警察に補導されたとします。たいていは警察で怒られて家に帰してもらいます。しかし懲りずに非行を繰り返したり、あるいは初めてでも非行の内容が悪いと、警察では終わらず、家庭裁判所に事件が送られます。そうすると家庭裁判所では、簡単な面接などをして処分を決めます。「不処分」や「保護観察」にしたり、もう少し精密な調査をしないと処分が決められないときには、処分を約四週間たな上げにして調査のために少年鑑別所に収容するわけです。ですから少年鑑別所に行かずとも「保護観察」になることもありますし、少年鑑別所に収容されてから「保護観察」になることもあるのです。太郎君の場合は、少年鑑別所に収容されずに「保護観察」の処分になりましたが、それでも効果があがらず非行がつづいたので、今度は少年鑑別所に収容されたわけです。

少年鑑別所では四週間たらずの期間（ただし、非行事実の認定上の必要があるときには最大八週間収容される場合もあります）で、さまざまな専門家が活動します。「調査官」「教官」「心理技官」といった専門家はこの期間の代表的選手たちです。「調査官」は家庭裁判所の職員で、親にも会うなど社会調査を中心に活動を行います。もちろん少年自身にも鑑別所で面接します。あとの二人は鑑別所の職員で、「教官」は実際に施設内での少年たちの生活を指導し、同時に彼らの生活ぶりを観察します。また「心理技官」は主として面接室で、心理テストを行ったり、面接をしたりします。私は太郎君とは、この心理技官として会っていたわけです。

このいずれの専門家もそれぞれの立場から非行性の評価を行い、裁判官のもとに報告します。最後は裁判官が、法的な判断も加えて最終処分の決定を行います。

さてこの四週間で処分を決めることも、まれに難しいことがあります。その場合には、処分を保留し、いったん少年を社会に戻し、その生活ぶりを見極めて、さらに半年から一年くらい後に最終処分を決めることがあります。これを「試験観察」と呼びます。この太郎君とのその後のかかわりは、この「試験観察」という処分に、鑑別所側の外来相談の面接制度（一般鑑別）を抱き合わせて実現させたものでした。ですから面接者も、家庭裁判所の調査官と私の二人が同席して面接するスタイルをとりました。

●仕切りの面接

話をもういちど事例にもどしましょう。

数週間の鑑別所生活が終わり、太郎君は家庭裁判所で試験観察処分をうけました。その決定の言い渡しの席上には、彼の母親が出席していました。言い渡しの後に部屋を変えて、試験観察最初の面接を行いました。調査官も私も、家族全体に働きかけることで、やせ我慢の悪循環をさまざまな局面で緩和させようという思いがありました。そこで、太郎君と母親に、家族全員が面接にきてもらうように提案しました。個人療法でなく家族療法を設定しようとしたわけです。太郎君の同居家族は、実父母、父方祖父母で、自宅近所で職業人として自立している兄が一人暮らしをしていました。しかし、その後も「忙しさ」を理由に新たな面接参加者は加わらず、結果的には母親と太郎君の二人だけが面接室にかよってきました。面接のペースは、一週間に一度の間隔ではじめ、彼が落ち着いてきたら二週間に一度の間隔ですることにしました。

第15話　肯定的意味づけと権威（太郎君とのかかわり②）

●いよいよ面接の始まり

いよいよ太郎君の面接が始まりました。

まず面接者として、太郎君が動き回って失敗することに注目しました。太郎君は行き詰まるとますます強行突破的に動いていきます。しかしその先には非行が待っているのです。この「やせ我慢・息切れ」の悪循環の流れをどうにかして変えようと考えたわけです。そこで、彼の失敗に対して、その肯定的な面を積極的に指摘することにしました。そうすることで、彼や彼の家族の認知の枠組みを変え、余裕を持たせ、少しでも悪循環を和らげようとしたのです。実は、やせ我慢の息切れにあえぎながらも動き回ることには、本来適応に向けた努力としての肯定的な面が必ずあるのです。それを徹底的に評価するのです。

これは「肯定的意味づけ」とか「リフレーミング」と言われています。目の前の少年を見て「だらしのない駄目な人」と見るか、「息切れしているけなげな人」と見るのかでは、こと非行カウンセリングでは雲泥の差が出てきます。

しかし、そうした働きかけと同時に、面接者として譲れない大枠については、家庭裁判所の監督下にあることを強調して、妥協しないようにしました。言葉を換えると、「権威」を明確に意識するということです。よくカウンセリングというと「受容」とか「優しさ」ということがイメージされます。実はそれは大事なことの半分にすぎません。「権威」や「対決」という事柄もそれに劣らず大事な半分なのです。とくに非行や問題行動のように背伸び・やせ我慢の領域では大事な半分です。

別に「権威」といっても、叱りつけるとか、緊張感を持たせるということではないのです。自分が自分の人生すべてを取り仕切るわけではないという謙虚で厳かな現実を直視させることであるのです。そして限界を設定されるということは、やせ我慢をする本人にとって、背伸びをやめたり、柔軟に新しい展開を考えたりする上で、必要なことでもあるのです。面接者も、ひたすら受容すればいいというのでなく、法律や良心や信念にしたがって譲れない一線を常に意識していかねばなりません。

太郎君の場合も同じです。肯定的な意味づけをすることと、権威構造を明確にすることに意を注ぎました。面接室での太郎君は、かつて少年鑑別所の中で会った時と比べ、格段に元気がありました。明るく景気のいいことを口にしていました。一緒に通ってくるお母さんは、それとは対照的に暗い表情をしていました。太郎君の発言に触発されて、愚痴めいたことを言うこともたびたびでした。

太郎君ははじめ再出発にあたって、正式な仕事が見つかるまで、とりあえずお兄さんの仕事の手伝いをすることになりました。お母さんの提案でもありました。彼にとってはふがいのない出発の仕方であったかもしれません。しかし、面接では、今後も「兄や大人の援助を受け、それらを利用しながら頑張る」という新しい大人の頑張り方に挑戦するように励ましました。

その後、太郎は希望の建設業の仕事が見つからず、スナックの面接を受けようとしました。面接者としては彼が仕事に就こうとする意欲を高く評価しながらも、家庭裁判所の試験観察中である以上は、深夜の就労は認めるわけにはいかないと、真っ向から反対し、つっぱねました。

●最初の山場

やせ我慢・息切れの悪循環というのは、理屈ではありません。悪循環なのだからやり方を変えないといけないとアドバイスしても、何も変わりません。かえって知識が先に入ってしまうと本人は理屈をこね回すだけで、ますます本当の自己洞察と解決が遠のくことが多いようです。だからこそ、頭ではなく、体で、背伸びをしなくともやっていけるのだ、弱音を吐いても何も壊れないのだという感触を味あわないといけないのです。たとえそれが小さな一瞬の体験であったとしても、一度得た感触はその後も生き続けていくものなのです。

さて、太郎君は、スナックを諦めることについて態度を硬化させました。時間帯を深夜にまたがらないように交渉する。だから求人面接には行くのはかまわないだろうと言うのです。その主張は強硬なものでした。内心、終業時間が保証されるのであれば、水商売でも応援せざるを得ないなあと面接者としては迷いました。しかし、それ以上に「大人を頼りとしながら課題を遂行していく経験」をさせるプロセスが重要と考えました。そこで、太郎君には、独断専行（彼からすれば独立独歩なのですが）しないように、その都度電話報告を義務づけ、大人の援助を受けながら行動していく状態を保たせることにしました。

スナックの求職活動では計四回の電話による報告を受けました。結局、彼はあてのあった店は不採用となり、その後希望通りの建設職人の仕事に就くことができました。このように大人の援助を受けながら課題を遂行していく経験を促していくことは、手をかえ品をかえ動き回る太郎に対して、最後の最後まで徹底して行うことになりました。

この「大人を頼ってみろ」という働きかけは、人任せの楽をさせるだけだといぶかる方もいると思います。しかし、やせ我慢・背伸びをしている人には、しゃにむに自分でなんとかしようとする以外のやり方を実感してもらわないといけないのです。背伸びをしなくともやっていけるのだという体験をしてもらわないといけないのです。人の援助を受けるというのは、「弱音をはいてしまう情けなさ」ではありません。「弱音を見せられる余裕」だとほめてやらねばならないのです。「弱音」を認められる生き方は、実は堅実で成熟した生き方なのです。

この時期の面接は、太郎君が自暴自棄になるような煮詰め方をせずに、ひたすら肯定面を指摘しながら、じわじわと小さな影響を与え続けたということができると思います。

第16話　すっぽかし（太郎君とのかかわり③）

●すっぽかし

やせ我慢・背伸びの生き方は基本的に人からの援助を拒否します。自分はそれほど弱くはないのだ。あるいはもう立ち直ったのだ。だからほっといてくれという感情を抱いているのです。実はそれが危ないのです。悪循環は徐々に止まろうとしています。しかし、完全に止まったわけではありません。この立ち直りかけているときの対応というのが難しいのです。

太郎君にも同じことが起きていました。

ちょうど面接を始めて三カ月くらいした頃からでしょうか、母親は明らかにおだやかな表情になっていました。彼女は「こうやって面接を受けるようになってからは、（子どものことは）見守るしかないと思い、心配しないようにしている」と語るまでになりました。

太郎君のほうはと言いますと、四カ月くらいしたころから、カラ元気の笑顔ではなくて、さわやかな表情が見られるようになりました。それはいい変化であると面接者として素直に喜べました。彼は自分から仕事の近況を語ってくれました。

今の仕事は、やりがいがあるし、労働条件も良く、おまけにボーナスまで出るのだと言うのです。私はかつてお母さんが、息子にはボーナスの出るようなちゃんとした仕事に就いてほしいと言っていたのを思いだしました。さらに彼は続けました。恋人と別れたことも彼の口から報告されました。思えば鑑別所ではこの恋人のことばかり口にしていたのでした。私が、「自分が成長すると、いつのまにか周りとの関係が変わっていくこともあるよ」と言葉を添えると、太郎君は「一六や一七の頃に比べれば自分でも変わったと思う」と言って、今度は自分の変化を語り始めました。

反抗する気持ちがなくなった。

前向きに考えるようになった。

穏やかになった。

自然とつきあう友達が変わった。

大人になった気がする。

そう言うのです。こちらが大人になったイメージを彼に尋ねると、「自分の稼ぎがある。酒を大手を振って飲める」と答えてくれました。そこで彼に一つの提案をしてみました。それは大人になったイメージの一つとして、経済的な自立を証するために、最初のボーナスで家族に何かプレゼントを贈ることを提案したのです。彼は気乗りしないふうで、それに答えることもなく他のことを話し始めてしまいました。

その日の面接は、親子共々安定に向かっている姿を見ることができ、それなりの収穫のあった形で終わったのですが、実はこの面接を境に面接の予約のキャンセルが続くようになりました。電話をしても、家族がとるだけで、太郎君本人は仕事中であったり、外出中であったりして直接連絡がとれないこともままあり、いらだちは募りました。ようやく彼に連絡がつき、次の面接日を決めることができました。

彼は約束した日に、面接室に来室しました。実に一カ月ぶりだったでしょうか。ところが太郎君はまったく悪びれた様子もなく、自分の仕事が順調にいっていることを自慢げに報告してくれました。面接者から再びやんわりと家族への贈り物をするアイデアを本人に伝えてみました。すると今度は明確に拒否されてしまいました。「そんなこと照れくさくて絶対できません」

●助けてくれとほっといてくれ

実はこの「すっぽかし」と「拒否」の出来事から、一気に面接の終結へと向かっていったのです。意外かもしれませんが、事態が大きく変わるときには抵抗もまた起きるのです。抵抗自体は問題ではなく、その抵抗をどう受け止め、どう吟味していくのかが重要なのです。逆にこうした抵抗のない面接や指導というものは、本当には影響力がないのだと思います。

家族への贈り物を明確に拒否した面接から、数えて二回目の面接。この日が最後の面接となりました。すでに面接を始めて約半年が過ぎていました。

私たちは面接の冒頭で、面接の目標を確認することにしました。これは、彼の抵抗の核心をこう考えてみたのです。

「非行をしないという基準はきちんと守っている。仕事も頑張っている。しかし、それ以上にやっかいな高いことを要求されてしまうのか。また家族のことをとやかく言われてしまうのか」

これは普遍性のある抵抗だと思います。非行の場合、非行を行ったことで指導が始まるわけですが、指導する側は、性格の問題、遊びの問題、友人関係の問題、恋人の問題、家族の問題と広げて考えていきます。そして広げて考えることは本当は必要なことなのですが、指導される側からするとそうはいきません。「非行以外のことをとやかく言われるのだけは納得がいかない」という抵抗になります。「へたりこみ」型の人は「助けてくれ」と言いますので、いろいろなお節介をして、周辺的な事柄に援助の手を広げていくことはむしろ良い効果があるでしょう。しかし、「背伸び」型の人は、「ほっといてくれ」と言いますので、絶えず本人と指導者が指導や面接の目標を確認し、目標以外の領域で不用意にしゃしゃりでないことが肝心です。とくに家族や友人・恋人関係は、本人を越えた広げ方なので慎重に行う必要があります。

太郎君に端的に次の点を確認しました。

第一は、まず太郎君が非行を再び行わず、仕事や安定した生活を続けることが目標（高い要求はしないというメッセージ）。第二は、そのためには、家族にも、母として、父として、家族として太郎君の目標に協力してもらうことが付加的な目標（家族に問題があるわけではないというメッセージ）。第一の目標を達成することが肝心であると。

これは彼の抵抗を解消するために伝えたメッセージです。このメッセージが彼にも母親にも伝わり、面接が急展開することになります。

第17話　卒業の儀式（太郎君とのかかわり④）

●家族の方法で変わり始めていた

面接の二つの目標を確認した後に、次のような質問をしました。

この面接のこれまでの期間に、自分自身、また自分と家族との関係で変わったことを考えてほしい。お母さんにも同じように考えてほしいと説明しました。

すると、太郎君が変わったこととして、本人からも母親からも、非行を行わずにいること、生活や仕事が安定していることが報告されました。予想どおりの報告でした。家族関係では、太郎君が言うには、母や祖母からうるさく言われなくなったということでした。また母親は、家族関係の変化として、祖母と世間話をするようになったことをあげてくれました。私はこの母親の話に驚きました。家族は家族の方法で動き始めていたのです。母親はこう言いました。

「これまでは、祖母には子どもたちのことで愚痴を聞かされることが多かったのですが、それがなくなりました」

面接者の見えないところで、母親は着実に安定し始めていました。母親からすれば祖母や息子との関係が良い循環で変わり、余裕をもてるようになっていたのだと思います。そして母親が変わることで太郎君の肩の力も抜けて安定に向かい始めた、そうも考えられました。

このとき、面接者は、今回の面接で終結できそうだとの感触を持ちました。しかし、同時に独断専行で生きようとする太郎君に対して、社会の常識や周囲の援助に沿って頑張ることを奨励する必要を感じていましたし、そうした頑張り方をやはり体験的に身につけてほしいと感じました。

●課題をする・しない

この時期の太郎君の心理的な抵抗、すなわち「非行はしていないし、仕事もしている。それなのにまだいろいろと要求されるのか」という抵抗の性質を考慮すると、権威構造を確認しておく必要を感じました。現在、面接を受けているのは、ひとえに家庭裁判所の試験観察中であるからだという、面接の背後にある権威をふたたび明確にするわけです。そして一人でムキになったり、躍起になっている彼が、実は家族という枠とうまく折り合いつつあるのだということを確認する必要も感じました。

そこで、彼にこう言いました。

「すでに仕事も軌道に乗り、今の太郎君なら面接を終えても平気であることが面接者にはわかる。ただ、家庭裁判所の裁判官というのは常識的に判断するので、あと二、三カ月は真面目な生活の実績を残したうえでないと面接は終わりにできない。面接を直にしている者としてはすぐにでも終結したい。そこで、立派に立ち直った君の大人としてのあかしをかたちにしてほしい。そしてそれを裁判所に報告すれば、終結できるかもしれない。家族への贈り物も大人としてのあかしになるがどうだろうか」

太郎君は家族に贈り物をするという課題はふたたび明確に拒否をしました。

「ならば、描画テストを受けてほしい。テストの結果であれば、人間科学上の常識として裁判官を説得できる。今の君であればかならず精神的な成長がテストに表れるはずだから」と。

太郎君からは何もそこまでしなくともわかってほしいという反論がつづきました。

私は「それは社会では通用しない」と徹底して応じました。もちろん「そこまでしなくても」という彼の気持ちはわかります。しかし、周囲の大人（ここでは裁判官や面接者、社会の常識）

に準拠しながらやっていくことの大切さを実感として味わってもらう必要があったのです。

ようやく太郎君が同意しました。そこで、さっそく家族の絵を描いてもらうことにしました。

いったん描き始めると、太郎君は手際よく、しかも徐々に熱を入れ、ていねいに家族の絵を仕上げました。絵には、家族で車に乗り、ピクニックに向かうところが明るい色調で描かれていました。さっそく私は、その絵に表れた肯定的な要素を母子にこう指摘しました。

「ご両親が車の前座席にいて、子どもたちが自由奔放に後部座席で体を動かしている。これは親と子どもたちの間に一線が引かれていて、秩序のある状態になっている。だから後ろの子どもたちが安心して体を動かすことができている。一見ばらばらな家族メンバーも車という大枠に納まっている。こうした人物たちのイメージは一般に良好なもので、家族に従属せず、かといって家族から無謀に飛び出していかない状態にあり、年齢にふさわしい安定した姿になっている。これなら安心して裁判官に報告できる」

母親は盛んに感心していました。太郎君は「言えてる。言えてる」と小声で繰り返していたのが印象的でした。

●最後の儀式

これまで何度も言ってきたことですが、やせ我慢と息切れの生き方というのは、理屈でわかっていてもやめられません。ですから「体験」が必要なのです。実感をもって「こうやっていけばなんとかなるのだ」という感触というか自信が必要なのです。ときには課題や儀式を用意して「体験」を促すことがあります。ある人には「儀式」などというと古めかしくて形式的なものかもしれません。しかし「体験」が伴う「儀式」には大きなパワーがあります。季節行事や学校・社会の行事にも必ず意味と体験が用意されています。それに関わる人々のこころをちょうど良いサジ加減で導き、励まし、潤し、解きほぐしてくれるのです。そういう意味では髪を切る。箱に収める、手紙に書く、個人の記念日を作る、贈り物をする、といった行為は個人レベルでの儀式となっていることがあるのです。

太郎君の儀式はどうだったでしょうか。

家族の絵を描いてもらった最後の面接の一週間後、家庭裁判所の審判廷で、試験観察処分の解除が言い渡されました。その審判では裁判官から、卒業記念作品としてあの絵が太郎君に手渡されました。家族に安心して気持ちを向け、独立独歩に動き回らなくてもやっていけるのだという「体験」と「わかりやすいイメージ」を最後の面接で創出し、卒業記念という儀式にしたのでした。絵に託したことで、そしてその絵を持ち帰ることで、この「体験」を後々も見ながらふたたび「体験」できるようにもしたわけです。

六　施設でのカウンセリング事例

第18話　ワンダウン・ポジション（次郎君とのかかわり①）

●少年院というところ

太郎君は少年鑑別所まで来ましたが、そこから試験観察に付されたことで社会内でのカウンセリングを受け、非行を卒業していった事例でした。司法の下での事例にはもっとかかわり方が難しい事例があります。

攻撃的で粗暴な行動をとり続けようとする少年の場合がそうです。面接や指導の枠組みを明確にして相手にコミットしてもらうようにしなければ関係自体が成り立ちません。攻撃的な言動というのは力で相手を支配しようとしているのですから、面接者や指導者がそれをうまく処理しないと力対力の対決になりがちで、ますます相手の攻撃性を引き出すことになります。彼からしてみれば、「背伸び・息切れ」の悪循環が煮詰まっているわけですから、少し刺激されただけでも、自分の無力感や疎外感を強烈に揺さぶられてしまい、そのぶんだけ、周囲を屈服させ、支配し尽くさないと気持ちがおさまりません。攻撃的な言動をエスカレートさせることで気持ちのバランスをかろうじて保っているのです。そこまでして無力感や疎外感を払拭せざるを得ない絶望的な状況にいるということになります。

またもう少し病理性が進んだ人格障害圏の少年の場合はなおいっそうかかわりが難しくなります。とくに境界例に見るような、感情表現の激しさ。周囲を振り回し、操作する傾向。普通の非行以上に衝動的で攻撃的な行動化。面接者の言動に過敏に反応し、迫ってくる執拗さ。単に「攻撃的で粗暴な行動をとり続けようとする少年」にまして、現状を強行突破する生き方を先鋭化しています。百かゼロの玉砕型で、一瞬のうちに感情を反転させていきます。

ここでは、天涯孤独な人生を背負い、粗暴な行為や喧嘩でしか人との関わりを持てず、絶えず周囲を混乱させ、周囲に拒絶されてきた次郎君（仮名）の例を取りあげ、粗暴性や衝動性の著しい少年をカウンセリングする場合について考えてみたいと思います。

次郎君と私が会ったのは少年院の中でした。少年院と一口に言っても実にさまざまな種類の少年院があります。まず収容する期間の長さの違いがあります。一般に長期処遇の教育を実施する少年院は原則二年以内となっており、実際には一年くらいの教育計画が用意されています。ただし必要があれば二年以上の教育期間を設定する場合もあります。また短期処遇の場合は原則六カ月以内となっていますが、やはりぎりぎりまで入っていることはまれで五カ月くらいの教育計画が用意されています。また多くの場合は「仮退院」として少年院を出て、そのまま「保護観察」による社会での指導に引き継がれます。また教育内容も職業訓練であったり、義務教育を授けたり、心理療法のプログラムに特徴があったり、総合病院のようであったりと少年院ごとにいろいろな特色があります。次郎君の生活していた少年院は、期間で言うと短期処遇で、内容では通常の生活指導といくつかの職業資格取得の訓練を行っているところでした。

このとき私は、近くの少年鑑別所の技官として、その少年院から再鑑別の依頼を受けたのでした。この再鑑別というのは、少年鑑別所の心理技官が少年院の依頼を受けて、主に少年院に出向いて面接を行い、そこで教育・治療効果を確認したり、新たな処遇指針を臨床的な立場から提言する制度です。

●次郎君との出会い

次郎君の教育については、いくつかの難しい問題がありました。まず彼はずっと荒れていました。彼は最初、かなり開放的な教育をする少年院に収容されましたが、唐突に粗暴な行為や施設を損壊させるような行為を繰り返し、その都度厳しく叱責・指導を受けたのにもかかわらず、ほとんど改善が見られませんでした。そのために法律上の手続きを経て、もう少し閉鎖的な少年院に移されることになりました。しかし、新しい施設での生活でも彼はほとんど変わりませんでした。いろいろな紆余曲折を経て、私が再鑑別者として面接の依頼を受けることになったのでした。

また、彼には心の張りを持てるような人間関係の当てが社会にありませんでした。唯一の身寄りは、母親だけで、かつその母親は精神障害で長期間入院をしており、同居経験は幼いころにしかありませんでした。彼には友人も恋人もおらず、施設や職場などでまったく適応できた経験がありませんでした。小さいころはむしろいじめられっ子で、いつも施設を飛び出して放浪まがいの生活のなかで、喰うに困って空き巣ねらいを繰り返していたのです。そしてある時期からは一転して、粗暴なエピソードを施設の内外で起こすようになり、日常化させていきました。今さら失うものなどないといった人生だったのでした。

そして、処遇者側の事情なのですが、あと二カ月という期限付きで何かをしなければならないことも大きな問題でした。あと二カ月で半年間の収容期限が終わってしまうのです。法的な決定において「収容」という制約を課している以上、任意にその期間をのばすことはできないわけです。

私は、気の重いまま少年院に到着すると、施設の職員からあらかじめ最近の生活ぶりについての説明がありました。また今回、面接中に私に暴行を働くおそれがないわけではないので、面接室の扉の廊下側に二人の職員が腰をかがめて待機し、なにかあれば飛び込むという特別サービス付きであることも説明されました。

●面接開始の攻防

非行カウンセリングでは面接での最初の仕切りがとくに重要になります。枠組みを明確化して、相手が面接にコミットしてもらうようにしなければなりません。とくに攻撃的で粗暴なエピソードを続けている次郎君に対しては、「やせ我慢・息切れ」の悪循環の煮詰まった状態にあるわけですから、力と力の対決ではらちがあきそうにありません。

面接室で会った次郎君は、目つきが厳しく、たんたんと話しながらも時折不快な事柄を話すと感情がこもり、一方的に興奮して不平不満を吐き出すような感じでした。私がそうした話の流れを止めたり変えたりすると一応それに沿ってはくれるのですが、気持ちがおさまっているわけではなくて、話を唐突に蒸し返すようなことが続きました。次郎君は面接の最中、腕や体を興奮のあまり小さく振るわせていることもありました。私は、この面接での最初の構想は、少年院の生活を聞いたあと、心理テストという権威を使って一気に強行突破しようと思っていました。そうすればテスト結果を本人にポジティブに伝え、意欲を喚起したり方向付けたりすることもできるからです。しかし私が何も言わないうちから、私が心理テスト図版の箱を持っているのを見て、「それ、やるんですか。そういうのはいやですよ」と語気荒く、拒否してきました。

私は急きょ「コラージュ」を行うことにしました。コラージュというのは、雑誌やパンフレットの写真を自由に切り抜き、台紙に好きなように並べて貼り付けるもので、主に治療的な描画法として使うものです。当時の私は、治療的面接の際には必ず大きな封筒に雑誌から切り抜いた写真群とハサミ・糊をワンセットにして持ち歩いていましたので、画用紙を施設に用意してもらい、すぐに始めることができました。

「切り貼り遊びといって、写真を使って好きなように貼って、自由に絵をつくるもので、これからのこととかを楽しみながら考える作業だから」と説明して、面接机の上に封筒からあらかじめ切ってある写真片を取り出し、広げました。

しかし、次郎君は写真を前にして拒否はしないものの、興味も示さず、「いったい誰が自分を少年院に送ったんですか。二カ所も少年院に入れられたのは鑑別所の先生が考えたことですか。自分は損してないですか」など面接者に向けて怒りを向け始め、言葉じりは丁寧ながら、声をどんどん荒げていきました。とうとう机をドンと強く叩いて興奮のあまり立ち上がってしまいました。私は「まずこの切り貼り遊びをやって、それからまた話は聞かせてもらうよ」と制しながらも、一瞬廊下で待機している職員のことが頭をよぎりました。しかし彼は興奮したままでしたが椅子に腰をとりあえずは下ろしました。私はとても今の彼にハサミは渡せないと思い、とっさにこう言いました。

「この切り貼り遊びはいろいろなやり方があるんだけれど、今日は、写真を切りたい場合は、この黒ペンで輪郭を引いてください。今日は私があなたの助手としてそれを切ることにします。切りたくなかったらかまいませんが、切りたい場合にはどんどん助手に渡して注文してください。私がすぐに切ることにしましょう」

第19話　幻想と現実の間に（次郎君とのかかわり②）

●ワンダウン・ポジション

私がコラージュづくりの助手になったことで雰囲気が幾分変化しました。興奮もほどなくおさまり、次郎君は徐々にコラージュに熱中していきました。多くの写真を選び出して、「画用紙がもっと大きいのがいい。好きな写真が貼れないので」とまで言い出しました。

このときは、力対力の対決を避けるために、面接者が一段下の位置に下がったことで、雰囲気を変えました。後の章で説明する「ワンダウン・ポジション」（一一三頁）という考え方です。平素力で周囲を押し通そうとする少年は、真っ向勝負で玉砕するか、相手が逃げ出して完全勝利するかしかなく、経験の幅が非常に狭くなっています。ですから、権威構造の中で、相手が自信たっぷりに下手《したで》に出ながら接近してくるような関係は、いつもと勝手が違う感じを味わうように思います。そしてこの「勝手の違い」を少し理屈っぽく考えると、面接者がワンダウン・ポジションを宣言したのですから、彼が上位に立つことは面接者の指示（提案）に従うことになるわけで、いわば力を行使しようとすること自体を鈍らせることになるのです。

さて、図6がそのときの作品です。題は「将来の夢」と付けられました。彼はいくつもの女性像を真剣に選び出し、その目つきの良否でさらにふるいわけ、時間をかけて最終的に三枚の女性像を貼り付けました。後は「車」と「自然」、そして「食べ物」を貼り付けて「少年院を出たら恋

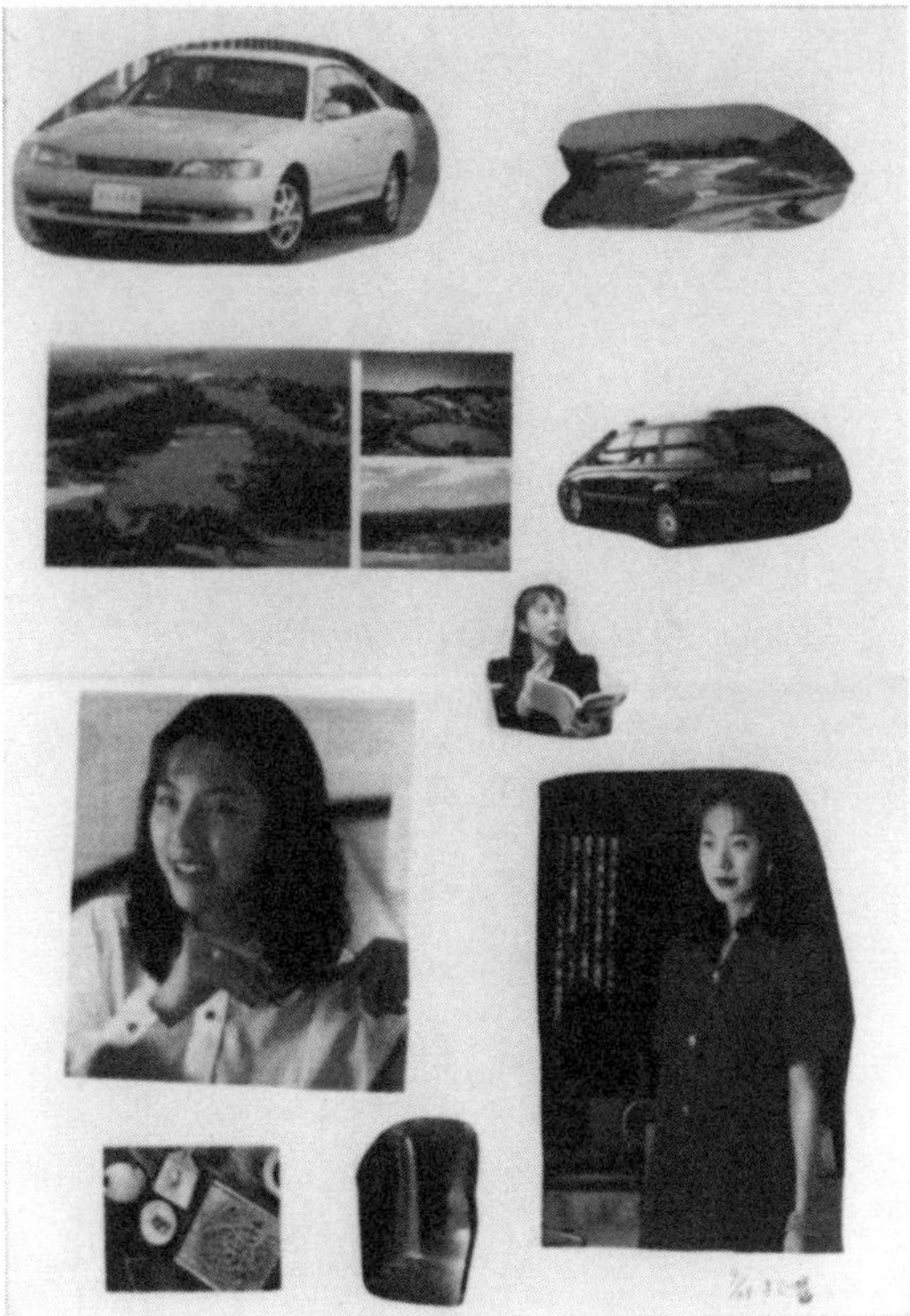

図6

人を作り、一緒に車でおいしいものを食べに行きたい」と意味づけました。

受容的な異性像へのあこがれは、多少母親像にも重なりながら、その時点での彼が一番潤えるイメージとして作られたのだと思います。しかし、同時にある笑顔の女性像の写真を眺めながら、「目がこわいような気がしてきた」と言うこともあり、彼の疎外、拒否感の深刻さと過敏さも伝わってきました。

制作後、「どう、けっこうおもしろいだろう?」とコラージュ作品を作ってみた感想を聞いてみたところ「おもしろいわけではなかった」と憮然として答えられてしまいました。再鑑別面接でのコラージュ作品は一種の心理テスト結果として再鑑別の面接者が持ち帰るのが一般的だったのですが、「もし次郎君が希望するならせっかく作った作品を次郎君の部屋に持ち帰られるように少年院の先生に言っておくがどうか」とたずねてみました。すると再び「どっちでもいいです」と拒絶されてしまいました。

●職員カンファレンス

一時間半くらいの面接を終えてみて、次郎君は診断的には境界例型の人格障害の範疇に入ると思いました。最初に想定した「攻撃的で粗暴なエピソードを続けている普通の非行少年」よりも、病理性が高く、現状を強行突破する生き方を非常に先鋭化していました。自分は息切れしない有能で寂しくない存在だということを完璧に求めるので、そうでないと感じる場面では正反対の方向に揺れやすく、自分が無能で孤独であることにのたうち回ってしまいます。しかしすぐに強行突破の生き方に戻ろうとします。百かゼロの玉砕型です。それも絶えず衝動的にその振り子が揺れていきます。一瞬のうちに反転してしまうと言っていいかもしれません。非行の背伸び・息切れ・強行突破の悪循環の状態としては非常に極端なものでした。

次郎君が私に語った少年院生活の不満も振り子のように揺れていました。たとえば少年院の生活は普通集団生活が中心になっています。しかし入所まもない時期や特別な日課があったりすると、集団ではない単独室での生活をすることがあります。また集団生活での不適応状態が高じたような場合や、具体的に喧嘩などのトラブルを起こしてその事情を聞くような場合もまた単独室生活となります。次郎君は、集団室にいると煩わしさのない単独室に行きたいと言いますが、本当は単独室では寂しすぎて時間を持て余します。逆に単独室にいると、寂しくない集団室に行きたいと言いますが、本当は集団室では人間関係をうまく持てずに混乱してしまいつらいのです。どちらにしろつらいので、絶えず彼はつらい、つらいと怒りながら叫んでいました。現実を認めてしまうのでは絶望しかないので絶えず現状ではないところに幻想的な希望を持とうとしているのです。

同じようなことが「早く出院したい」という発言にも見られました。彼は出院しても寂しくてつらい現実しか待っていません。「(精神障害者の)母親に会いに行きたいが、実際に会ってしまって、もし自分のことがまったくわからないような状態だったらどうしよう」という不安も彼は持っていました。少年院という施設にいてもつらいし、出てもつらい。絶望しかないのですが、少年院を出れば恋人や楽しい旅行など良いことが待っているという幻想的な希望を持つことで自分の気持ちを支えているのです。

こうした状態には、合理的な説明や助言は限界があります。コラージュの実施は怪我の巧名であったかもしれません。

面接後に、少年院のスタッフと協議の時間を持ちましたが、その中で今回のコラージュ作品を、次郎君に貸し出すことと、今後もコラージュを継続的に作らせてみせてほしい旨を伝えました。

●コラージュ療法の開始

今でこそコラージュ療法は有力な技法として、多くの少年院で実践されていますが、当時はまだそれほど普及していなかったために、少年院側はコラージュというまったく初めての方法を導入することに躊躇がありました。ましてや次郎君が興味がないと発言していたのですから当然であったかもしれません。

次郎君のコラージュに対する「おもしろくない」「どっちでもいい」という発言は、私の面接に対する抵抗を表現していました。しかし私には彼のコラージュの経験はかなり心に触れる体験であったと感じていました。なにせ少年院を出て、恋人と旅に出るのですから。

一般に、その抵抗が強い場合、面接の目的を再確認したり、本人の受け入れやすい意味づけを与えるなどして、面接関係に本人を引き入れていくべきことは太郎君の事例で説明したとおりです。しかしもう一つの対照的な方法として、面接者側で本人の気持ちを読みとり計算したうえで、やや強引に、そしてやや一方的に（つまり権威的に）時にはだまし討ちのようにして課題を与えたり、助言や問いかけを行うこともあります。「背伸び・やせ我慢」の姿勢というのは確かに「助けが必要なほど自分は弱くない」というプライドがありますが、同時に「自分の窮状や希望を言外に察して欲しい」という裏側の気持ちもあります。面接の期間が短いときや問題性の根深い少年の場合には、えてしてこうした方法での面接がよいかたちで展開していくことが多いように思います。

実際、次郎君は自分のコラージュ作品を興味がないといいながら、その作品を自分の居室の机の引き出しにしまい込み、人が近くにいなくなったのを見計らって、そっと引き出しを引き、その中に入れてある作品を机に出すことなく眺め入っている姿が観察されました。そのため、以後出院まで少年院でコラージュ療法が行われることになりました。実際に始まると、次郎君も拒否することなく、むしろ熱心にコラージュに取り組みました。私も最初の面接以降は、直接面接を担当することはありませんでしたが、処遇チームの一員として、毎週コラージュを中心とした協議に加わることにしました。コラージュの二作目からは、少年院の職員がおおむね一週間の間隔で行いました。

次郎君は、作品の中で一貫して女性像を扱い、旅と食事を付け加えていきました。少年院を退院しても、天涯孤独な境遇で、表面的な人間関係さえも保てない彼にとって、女友だちや経済的な余力の世界は幻想でしかありませんでした。図7（四作目）になると現実的な要素が見られるようになりました。中央の緑に囲まれた建物は欧州の古城の写真なのですが、彼は自分が在院中の少年院のつもりで貼った、また下に並べられた食物は、最近の行事（少年院の社会見学）で食

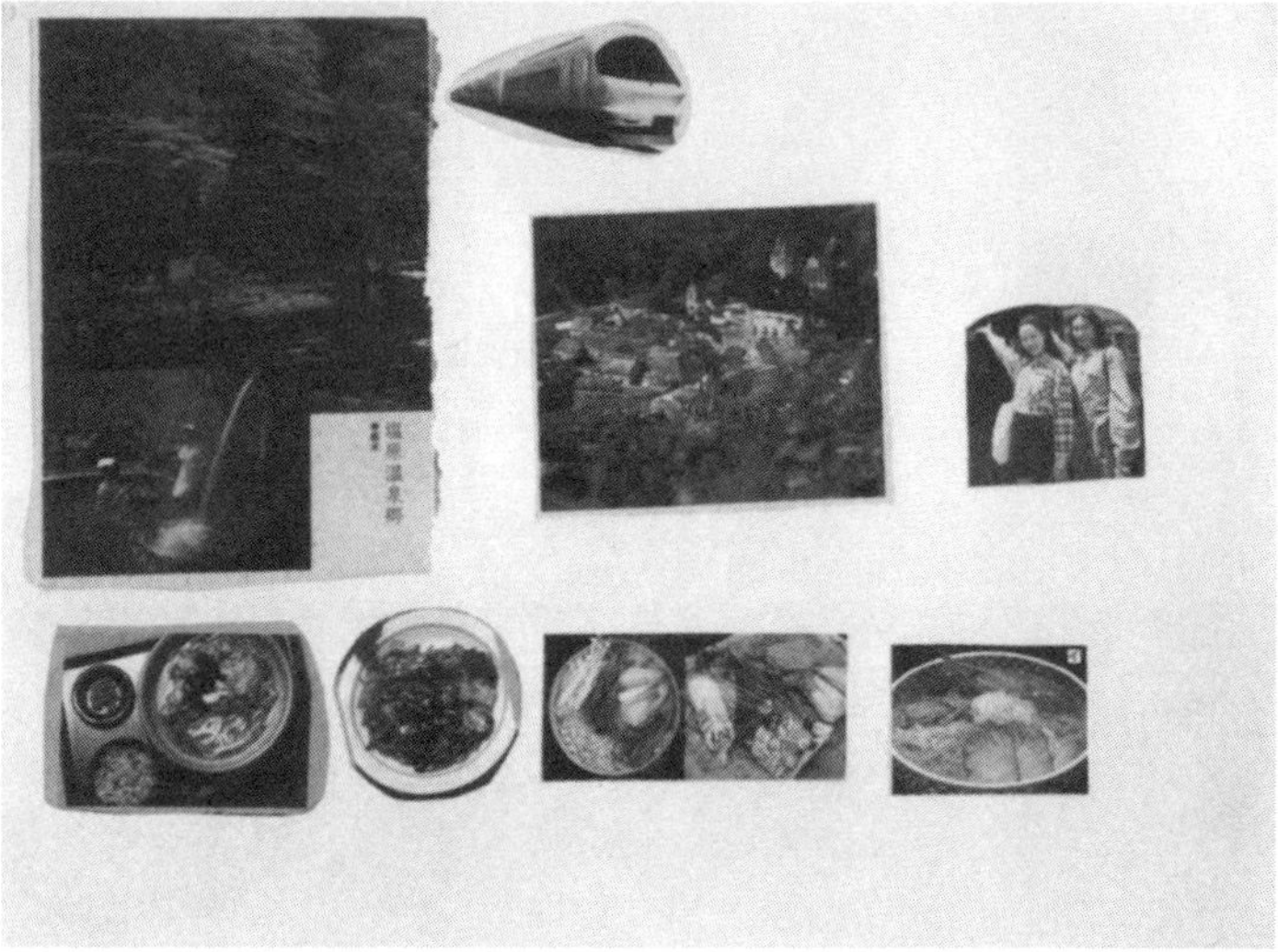

図7

べたおいしいラーメンであると説明しました。まだ旅や若い女性の物語が続いていましたが、少年院とラーメンは彼にとってはせいいっぱいの現実の世界の表現となっていました。

この時点で、退院期日が約二週間後に迫っていましたので、彼がここまで出してきたイメージを、どのようにおさめてもらって少年院から送り出すことができるのかを検討しました。すくなくとも、①女性像（母親と異性像の混合像であり、幻想の受容者）をいかにおさめていけるのか、②少年院や麺類をさらにどう具体化させていけるのか、といったことに主眼を置いて、五作目のコラージュからは、課題を指定することで現実と幻想の折り合える点を模索していくことにしました。

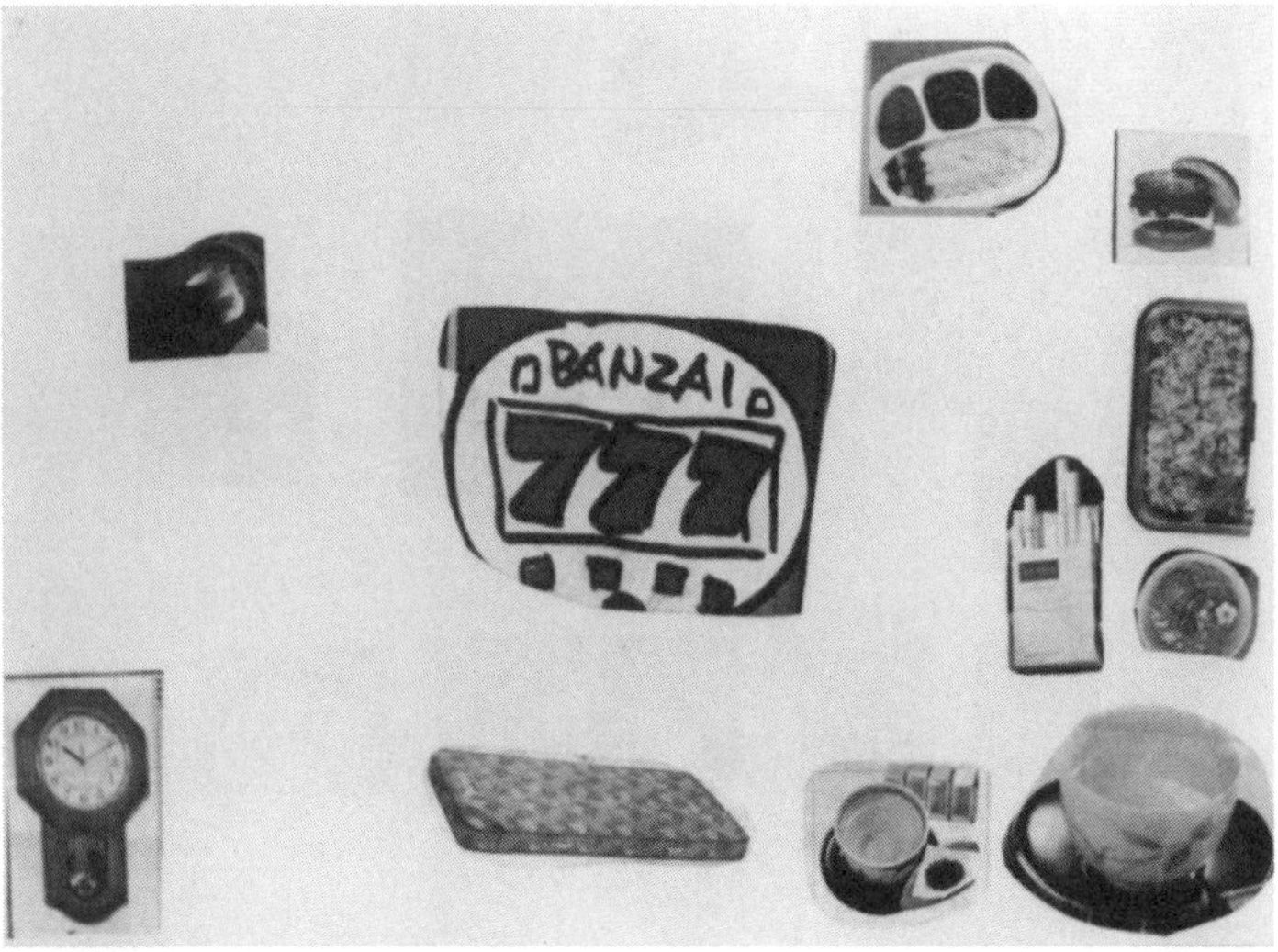

図8

●介入と終結

図8は、「退院後の私の生活」と題を指定した五作目のコラージュです。これまでと一転して、パチンコ（「777」）と弁当、タバコと万年床のイメージが寂しく飾られました。余白のバランスも崩れています。具体的な事物の表現にはなりましたが、希望も活力もなく、無為な一人暮らしを表現しただけで終わってしまいました。それまでが幻想の側に振れすぎていたとすれば今回は一気に現実の側に振れたようでした。次郎君にはこれから施設から社会に出て行くに際して勇気が出るような幻想（理想）と現実の中間のイメージをみつけてほしいと考えました。

最後の面接では再び題を指定して「一年後の私の生活」としました。直後の生活ではなくもう少し先の将来をイメージしてもらうこ

図9

とにしました。図9がそれで、ようやく現実的な仕事や生活と、あこがれの異性やレジャーのイメージが同じ画面に並び、面接者もこれからの地道で厳しい社会人としての生活と、その延長には楽しい人間関係があることを説明し、勇気づけました。彼も最後のコラージュはとくに気に入ったようで、自分から題名をペンで書き込みました。その翌日、彼は少年院を退院し、更生保護施設に帰住していきました。彼の荷物の中には、最後のコラージュ作品の写真(ポラロイドカメラで撮影)を大切に包んだ「お守り」が入れられていました。

振り返ってみると、約四カ月にわたって二つの少年院で問題を起こし続けてきた少年でしたが、コラージュ療法以降は、大きな問題、暴力沙汰も起こさず、少年院の行事にも参加し、積極性や活気が見られるように変化していきました。約二カ月という期間の制約のなかで「時間切れ」の感を免れきれませんが、終盤は課題を指定しながら積極的に治療的な介入をしたことも含めて、コラージュによって、面接者と少年の関わりが深まりましたし、さらに彼の自暴自棄の混乱状態を多少和らげ、少しずつ将来の見通しを持とうとする構えのようなものを引き出すことができたように考えています。

●人格障害と非行カウンセリング

診断や研究ではなく、治療論として人格障害を考えた場合、これまでの「背伸び・息切れ」の非行カウンセリングの考え方は基本的にあてはまると私は考えています。どのような非行であっても理想と現実のギャップの中で悪循環的に、性急で幻想的な解決策に出ている結果ですから、その悪循環を和らげ、現実的な路線に認知を向けさせるためのかかわりというのは有効な方向です。

ただし、手法と効果については違ってくるように思います。

第一に、普通の非行の場合と同じように、理想と現実の大きな差を埋めようとしているわけですが、人格障害レベルになると質がやや違ってきます。通常は疎外感や無力感を「否定」するわけですが、人格障害ではもう少し人格構造的に、自分も他人も理想と現実に「分離」してしまっているような根深いギャップを抱え込んでいます。ですから瞬時に双方を反転させていくような破壊性があります。別の言葉でいうと、通常の非行少年は理想と現実があくまで自分の中で戦っているのですが、人格障害レベルになると、理想の世界と現実の世界とが別個に存在していて、瞬間的に切り替わるような感じがします。ですから、悪循環を和らげ、理想と現実を統合させていくような関わりは有効ですが、短期間に劇的に効果を上げようと考えずに、多少とも現状を一段階改善していくような姿勢が必要になると思います。もう少し言えば、本人と面接者が面接という同じ土俵にのって、かかわりを持ち続けること自体が、本人からすれば画期的なことで、そうした経験が混沌とした形のない世界の足場になることが多少とも期待できるのではないかと思うのです。

また第二として、粗暴エピソードが激しいかたちで繰り返されると、それだけで振り回されてしまいます。まず本人の現実への適応の度合いを見極め、その度合いが悪ければ、かなり明確な面接や指導の枠組みを作りださなければなりません。枠組みが行動の限界設定となり、多少とも本人が落ち着くことができるからです。この点少年院の場合、物理的にも規律や権威の点でも枠組みが強力に設定されていますので有利だと言えます。外来相談など任意の関係での面接では枠組み作りに意を注ぎ、病院やその他の収容機能のある機関との連携ができれば理想的です。また、薬物療法と併用していくほうが良い場合も考えられますから、精神科医の診察や協議といったものも軽視できないと思います。

七　面接を作るための勘どころ

第20話　権威というしくみ

ここまで運命や時間などを重んじる、非行カウンセリングの前提といったものを説明し、また太郎君と次郎君という二人のカウンセリング事例を見てきました。ここからは、非行カウンセリングの面接をつくるための、どうしても必要な勘どころをいくつか取り上げることにします。どうしても、カウンセリング事例の解説部分と重複しますが、それだけ重要な事柄だと受け止めていただきたいと思います。

まず非行カウンセリングの面接を作るうえでの最大の勘どころは、「権威と枠組みを明確化し、活用する」ということです。これは「背伸び・息切れ」の悪循環を強力に止める作用があります。彼らの過剰なまでの行動化は、彼らなりの適応努力としての性質がありますから、指導場面でも次々に動き回っていきます。たった一週間の面接の間であっても、転職はするは、家出はするは、喧嘩はするは、目まぐるしくエピソードを重ねていきます。それどころか対応を間違えると面接自体に来ようとしません。

権威の構造の明確化は、そうした彼らに「背伸びをしようがない」「背伸びをする必要がない」

という感覚をもたらし、過剰な行動化を鎮静させるような効果があります。

彼らの背伸びと行動化に引きずられないための仕切りづくりとも言えます。

●変貌する彼らの理由

この「権威と枠組み」の重要性を、まず実務実感から説明したいと思います。

というのも、実務のなかで非行少年たちを見ていて驚かされるのは、彼らが施設に入り、施設の生活が始まると、多くの子どもたちが急速に素直でおとなしい子どもに変貌していくことです。

かつてかなり激しい校内暴力を行ったリーダー格の中学生が少年鑑別所に入ってきたことがありました。彼は一週間もすると幼く素直な素地を見せ始めました。鑑別所の寮生活でも面接場面でも前向きなことを考えたり発言したりし始めました。教え子の面会に来たその中学校の教師と面談した際に、「別人のようだ。鑑別所でどんな指導をしたのか」とやや微妙なトーンで質問を受けました。さぞや厳格で荒っぽい指導をしているのではないかとの探りであったように思われました。しかし私が勤務しているこの二〇年間で経験した施設の処遇というのは、実にソフトな指導です。また菓子を食べたり、テレビを見たり、おそらく多くの人が想像している少年鑑別所と実際はかなり違うだろうと思います。ただし、背後には法的に身柄を拘束しているという厳としたた枠組みがあります。非行については、法を犯したという言い逃れられない現実があります。禁止されていることを勝手に行えば、職員から言葉で厳しく責められます。少なくとも、譲れないことはけっして譲らないという職員の気概があります。

カウンセリングでは「受容」と「対決」という二つの大切な要素があります。愛情と権威と言い換えることもできます。非行実務家の指導や面接というのは、いわば受容しながらも、譲れない枠組みはけっして譲らないという「対決」の要素が息づいているのです。少年たちからすると、踏み越えられない枠が有形無形にあるのです。

こうした環境のなかで、彼らはかえって安定し、いきがりやおちゃらけがやわらいでいくのです。こうした変化はけっして猫かぶりのような意図的なものではありません。もう少し深い心の次元で起こっているものだと思います。いわば物理的にも心理的にも社会（法律や集団ルール）的にも枠組みができたことで、無秩序で放逸に動き回っていた彼らに足の置き場が与えられ、集中力と安心感が回復する過程であるのです。言いわけし、他罰的に言いつくろう余地がなくなり、動き回ることを断念し、立ち止まる経験をし始めるのです。

もっとも、少年鑑別所を出て親許や学校に帰っていく場合に、権威と枠組みをうまく設定できないと、比較的短期間に無秩序で放逸な動きを再燃していくことも少なくありません。やはり同じ事情があるように思います。

●司法実務家の強み

この鑑別所の例のように、司法制度のなかで働く非行実務家の強みは、あらかじめ制度や組織のなかに「権威と枠組み」が備えられていることにあります。仮に何も考えずにひたすら許容し受容するだけの面接者がいたとしても、その面接は機能します。なぜなら面接者が自覚していないだけで明らかに権威構造の中で行われているからです。

逆にいえば、任意の非行カウンセリングにおいては、この権威と枠組みをいかに設定するかが死活問題になりますし、面接者の力量が問われることになります。これが失敗すると面接者の熱意にかかわらず「しんどい」状態で「くたくた」になるおそれがあります。そうならないためには面接の最初の取り決め（治療契約）のなかで、面接活動が権威のなかで行われていることを明確にする必要があります。しかし、それはけっして威圧的になって威張り散らすことではありません。

（一）限界設定

まず権威の設定は、やってはいけない限界を示すことから始まります。また面接者にもこの限界点を明確にしておくことは精神衛生にも、相手の行動化に巻き込まれそうになった際にも、強い味方になります。ここから外にははみ出したらいけないという線を、とにかく最初に決めることが大切です。よく司法臨床の指導では、遵守事項という言葉でこの最低限守らなければならない基準を指導の初めにかならず決めます。

たとえば深夜就業は認めないとか、中学校には登校しなければいけないとかです。また犯罪を犯した場合には必ず警察に連絡するといった約束をするような場合もそうです。ただ面接の目的や対象となる少年の特質や非行性の程度により、この限界点はさまざまな次元で引かれることになるはずです。

（二）権威を面接者の外に置く

よく熱血指導者がいきがる若者を指導し、更生させていく。そういう成功談を聞きます。世間一般の素朴な非行指導イメージでもあるのかもしれません。そういう権威構造も当然ありますが、実際問題として、動き回る思春期や青年期の非行少年に対して指導者個人が権威者となって、枠付けができるというのはかなり特殊な場合です。ふつうはそうは太刀打ちできません。

ですから権威構造を作るといっても、面接者自身が権威者にならなくとも良いのです。指導体制のどこかに権威が設定されていれば良いのです。

先に紹介した太郎君の事例は「試験観察」という家庭裁判所の法的な権威下にありました。そこで「私にはわかるが、それでは裁判官には通じない」と言って、私自身が権威を持つのでなく、裁判官に権威を設定することにしました。このように考えればケースに応じて裁判官でなく、上司だったり、校長先生だったり、警察だったり、いろいろな人に権威を担ってもらうことが可能です。

また非行臨床では「ダブルロール」という問題がとりざたされることがあります。これは、たとえば施設などで面接を実施し、面接者としての関わりと、施設としての方針とに差異が生じてしまい、面接者の役割が二重になってしまうというものです。たとえば面接者としては許容したいことでも施設の規範として許容できない場合があります。また少年も施設には隠しながら面接者には告白し秘密を共有しようとすることがあります。私が少年鑑別所や少年院に勤務し、個別面接をするときにもよく「これは先生だけに話すのだけれど」「他の先生には内緒だけれど」と言ってくる子どもがいます。私はそういう時にはすかさず「私が聞いたことは、その都度必要だと思ったら施設や家裁の先生に報告することがあるから、本当に駄目なら話さないことだよ」と言うことにしています。それでも多くの子どもは話してくれるように思います。

ダブルロールになりやすい臨床ほど、面接を取り囲む施設や組織の規範という強固な権威の世界が広がっているわけですから、その世界が頑強なほど、中にいる面接者の世界は自由度が増していくように思います。権威構造を棚ぼた式に手に入れているわけですから。そしてその際は、「人ごとのように」（すなわち、面接者の裁量ではいかんともしがたいのだというニュアンスで）外を取り囲んでいる世界が強固な枠組みであることを相手に確認することが肝心です。

●さまざまな応用技

権威構造を明確化しようとしても、それが思うようにならないときもあります。何とかしようと焦ると、たいていは力対力の対決になってしまい、相手のペースに巻き込まれてしまいます。そうした際に、私が愛用しているやや応用技的な方法を紹介することにします。

（一）ワンダウン・ポジション

まず「ワンダウン・ポジション」という方法があります。次郎君の事例でも使ったものです。これは、いわば相手に向かってもっと力を誇示しなさいと面接者が指示する方法です。もしそこで彼が力を誇示すると、面接者の指示に従うことになりますし、従うまいとすれば力を行使できなくなります。そして多くの場合、少年たちは力を出すと周囲から押さえ込まれる体験しかないので、相手が積極的にワンダウン・ポジションになると、いつもの周囲の反応と違う「妙な感じ」になってペースがつかめなくなるのです。私の友人の家族療法家は、「ヤクザ」っけのある粗野な若者と面接する際に、クライエントにわざと立派で上位者用の椅子に座らせ、自分はそうでない椅子に座るという話をしていました。するとそうした若者は落ち着くというのです。これもワンダウン・ポジションです。

権威構造が明確になっているときほど、単純露骨に下手に出ると効果があるようです。しかし、権威構造が弱い場合にはむしろ間接的で即妙に下手に出るほうが良く、その辺のさじ加減が肝心です。くれぐれもこれは、「引いてしまう」ことではありません。どちらかというと空気としては「関わっていく」感じになります。

ほかにも、さまざまなワンダウン・ポジションがあります。会話の技術としては、相手にいろいろと教えてもらうというかたちで問いかけるのもワンダウン・ポジションになります。たいていは得々と個性的な言い回しや切り口で説明してくれます。なにせ教えるというのは上位者の立場になるのですから。ただしこの場合、面接者も、相手を先生と見込んで、相手の言葉、相手のペースで熱心に話を聞く必要があります。

同じように相手に、自分の考える解決策をたずねてみる方法も、相手には面接者以上に解決を探る力があるというメッセージになりますので、一種のワンダウン・ポジションになります。

（四）人間科学という権威

次に「人間科学」という権威を活用する方法があります。私の場合、相手を説得したり、指示したりする際に、そうした権威を使うことがよくあります。ある程度面接が継続している場合にはとくに有効な気がします。

まず私の場合、心理テストを実施し、その結果を指導・面接方針に沿ったかたちで相手に伝えていくことがあります。絵画はそうした意味で使い勝手の良い道具だと思います。私の場合はほかに質問紙法のエゴグラム・テストをよく使います。採点が手軽で、解釈が肯定的で使いやすいからです。しかし何を使うかということはそれほど大きな問題ではなく、手慣れた心理テストが一つでもあればたいていはそれを使うことで十分なはずです。

またもう一つの人間科学的な権威として、エピソードの布置を使って、たとえば家屋解体業をクビになり大工見習いの仕事に転職した若者に向かって「家族をいったん壊してみたけれど、最近はそこから新しい家族を創り出そうとしているんだね」といった感想を添えることがあります。また「私の長年の経験では、最初のうちは仕事を幾度か変わった子のほうが、かえって後で長続きするよ」といった理屈抜きの専門家としての予言を放つこともあります。なにせ人間科学という権威は子どもにしたらあまり対戦したことのない未知の権威ですので、案外素直に耳を傾けてしまうことになります。

（五）ゆとり

技術的なことではありませんが、面接者が「ゆとり」を持つということも結果的に面接者の権威を高めてくれます。面接者が何よりも権威構造を明確に意識していればいるほど「ゆとり」が生まれます。逆説的なようですが権威構造が明確な非行面接ほど、ゆったりとした受容的な雰囲気になるように思います。

「ワンダウン・ポジション」も、「科学的な権威」も「ゆとり」も、私の臨床の中では非常に使い勝手の良い方法となっています。しかし、これ以外にも、その臨床ごとに面接の権威構造を確認し、明確にする方法はいろいろとあるはずです。ぜひ知恵とエネルギーの使いどころですので、このハードルをクリアしていただきたいと思います。

いかに面接の場を確保するのか。
権威構造を明確にし、活用することで、面接の土俵をまず作る。
これが非行カウンセリングの面接を作るための第一の勘どころです。

第21話　裏腹な気持ちを扱う

非行カウンセリングでは、権威の設定のほかに、もう一つ重要なことがらがあります。それは非行少年たちの裏腹な気持ちをどう扱うかです。

もともと彼らは面接者を無視して勝手に動き回っていたのが、権威を明確化したことで、同じ土俵に引っぱり出されてきたのです。そうすると今度は一転面接者に激しい感情をぶつけてきたり、ほっといてくれと凄んだりします。

そもそも背伸びをする生き方というのは、自分の非力さを認めず、人の援助を拒否し、自分だけを頼ろうとする生き方です。ですから、カウンセリングや指導を受けることには激しい抵抗があるのは仕方のないことです。「指導に従え」という命令には「自分は一人でやっていく」という反抗が生まれ、「助けてあげる」という援助の申し入れには「ほっといてくれ。自分は人の助けを受けるほど弱くない」という拒絶が立ちはだかります。

彼らの抵抗は、成熟した自立の姿とはほど遠く、その根底には察してほしいという甘えが横たわっています。ですから周囲の指導者が「それでは自分一人でやれ」と言うと、心の奥底では寂しさや不満足な気持ちを抱きます。彼らの、表の「ほっといてくれ」というメッセージと裏の「かまってほしい」というメッセージを同時に満たすことは非常に難しい作業なのです。

また事態を複雑にするのは家族もまた背伸びの生き方をしている場合が多いということです。

ですから子どもが「ほっといてくれ」と「かまってほしい」の双方の気持ちを抱くように、親も子に対して「勝手にしろ」と「気になって仕方がない」という双方の気持ちを抱いている場合が多いのです。解くのが難しい知恵の輪のように、親子の間で動きようのない意地の張り合いが続いてしまいます。

非行カウンセリングの面接を作るためには、この裏腹の気持ちをいかに扱うかが大きな勘どころになります。彼らの抵抗への付き合い方とも言えると思います。

●ねぎらい

まず基本的なことですが、面接に応じる彼らに「ねぎらい」の気持ちを面接者が持つことです。とくに初回面接の出会いのときの「ねぎらい」は大切です。最初にカウンセリングを受ける際、抵抗の強い彼らは意に反して、そして意を決して面接室にやってきたり、面接に協力しようとしていることを覚えることとです。そしてそのことを「ねぎらい」の気持ちをもって察してあげることです。このねぎらいという空気は彼らにすっと届いていきます。

えてして彼らの「ほっといてくれ。自分は一人でやっていく」といったかわいげのないメッセージに接すると、自然と彼らを非難する感情がわいてきます。また悪いことをしたのだからこのくらいのことは我慢して当たり前だといった感覚も生じるかもしれません。しかし、背伸びをする彼らだからこそ、面接の場にやってきたということには重みがあるのです。

これは親の面接でも同様です。親の場合には、「親の子育てが悪いから子どもを非行少年にしてしまった」という非難をかなり受けますし、少なくとも面接場面では親として非難される危険性があると感じています。ですから、なおいっそう親が足をはこんでくれたことへのねぎらいを表すことが大切です。寡黙であったり多弁であったり、また問題は自分にあるのだと端から宣言したり、面接では親の多様な防衛戦が繰り広げられますが、まず面接者が、親が足を運んでくれたことへのねぎらいを語ることが肝心です。

●裏腹の気持ちを察する

このように裏腹な気持ちを察してねぎらう行為は、なにも初回面接に限ったことではありません。むしろ面接が進み、核心に近づくほど、この「裏腹な気持ち」は面接者に立ちはだかってきます。

まず、背伸びの生き方がそれほど深刻でない少年の場合には、面接者が彼の中にある相反する感情を指摘してあげることが役立ちます。たとえば母親との関係で干渉されるのを嫌う少年がいたとすれば、「あなたはお母さんの干渉が嫌だけれども、どこかに行ってしまえとまでは思っていないでしょ。お母さんにいろいろとやってほしいという気持ちもどこかにあるんだよね」と言葉をかけると落ち着く場合があります。親に向かっても同じような言葉をかけることができます。

このように相反する感情を指摘されてうまくいくのは、曖昧であったり漠然とであったりするものの、いずれにしろ双方の感情を本人がある程度感じているからです。だから相反する感情を肯定的に指摘されると、言われたほうはうまく言葉で整理してもらったという感覚や自分が思うほど惨めな状態にはないのだという感覚を味わい、気持ちが落ち着くのです。

ところが、どう指摘されても反発を強める場合があります。深刻な息切れ状態にある場合です。このような場合、不用意に、たとえば親への依存心を面接者が指摘すると激しい反発だけを招きます。面接者は言葉で性急に指摘することをせずに、こうした構造を汲んだり察したりしながら接していくべきだと思います。先の初回面接も同じで、言葉で明確にねぎらうことのほうが良く伝わるとは限らず、むしろ背伸びの息切れの中で大きく混乱している相手に対しては、ねぎらいの言葉を直接告げるより、それを察してやり、ねぎらいの気持ちを「注ぐ」ことのほうが良く伝わるように思います。

●チームで取り組む

またこうした裏腹な感情を扱うひとつの方法として、複数の面接者であたっている場合にはそれぞれが多少役割分担をし、表と裏の感情それぞれに向かって支持的な発言をすることができます。そこまでしなくとも複数の面接者が、面接者同士で無理にあわせようとせずに、各個の素直な感情や洞察を表現することでも、相手のさまざまな感情に届いていくことはまま体験することです。

また複数の面接者体制でなくとも、違った立場で複数の人間が関わっていれば同じようなことが起きてきます。チームによる関わりです。少年鑑別所では、寮で日課指導をする担任教官と、面接中心の心理技官とで連携しながらそれぞれ別個に面接を行っています。学校の保健室の先生と生活指導の先生とか、相談室の心理職とケースワーカーとか、あるいは警察の怖い刑事と優しい刑事の組み合わせなども、似たようなことが起きていると思います。新しいことを始めなくとも、いまあるチームの存在を自覚し、役割や連携を再点検することが有益でしょう。裏腹な気持ちには、多様な治療的メッセージが届くのです。


いかに彼らの拒否と反発を暴走させずにかかわっていくのか。

彼らの裏腹な気持ちを理解し、肯定的に言葉で整理したり、腹で察して汲んであげたりする。

またチームとして多様なかかわりを持つこと。

これが非行カウンセリングの面接を作るための第二の勘どころです。

第22話　比喩の力

背伸びと息切れの生き方は、視野狭窄的となり、自己洞察が十分にできない状態に陥ります。そして一か八かの強行突破的な判断をしていきます。そうした彼らをいかに洞察に導いていくのかが次の課題です。

●何が起きているのか

まず彼ら自体が非常に一面的に状況をとらえています。そこではワンパターンの「悪循環と逸脱」の物語が語られがちです。そのため本人が焦点を当てている物語以外の動きにも注目しながら、ていねいに聞く必要が出てきます。

たとえば「父親に怒鳴られて家出をする少年」の場合、父親はどこでどんなふうに、またどんなきっかけで怒鳴るのか。また少年ならどう応えるのか。母親はそのときどう動き、他のきょうだいはどう動くのかを聞きます。本人が説明してくれる物語以外の場面や登場人物の動きも味わいます。

しかし渦中にある彼にとって、気持ちや状況を話すことは難しいことです。質問に答える負担感や不快感もあります。そこで本人の説明の仕方、たとえば父親がいつもワンパターンで「今すぐ出ていけ」と一方的に大声で連呼するという説明があったとしたら、「もし父親が違うセリフ、たとえば少しは反省しろ、というのだったらあなたはどうしたと思うか」とか「あなたも大声で怒鳴り返さなかったとしたら父親の態度はどうなると思うか」といった「もしも」の仮定で聞くことが大変役立ちます。「もしも」の質問のほうがより彼らの気持ちが表現されますし、言葉で説明することが不得手な人でもそれなりに答えることが容易になります。何よりもワンパターンの認識しか持てない彼らに、いつもとは違った展開を想像させるだけでも、視野が広がり、治療的な効果があるように思います。

同じような質問に、「いつものパターンでないとき」を聞くことも役立ちます。たとえば「これまで同じように父親に怒鳴られたのに家出をしなかったときはないか」といった質問です。いつものパターンでない場合の要素を考えることで、「もしも」と同じような展開が期待できますし、やはり「いつものパターンでないとき」に注目することで、今後、柔軟に行動の選択肢を広げていくことにつながっていきます。

なにせ彼らの解決のための選択肢はたいてい一つしかありません。それも現実的でない場合が多いのです。

また数字でたとえてもらうことも重宝します。

「父親が出ていけというときに、言葉どおりに息子が家出をしてもよいと思っている父親は、何パーセントかな」

「万引きをして警察につかまって、それを知った父親が我が子に怒鳴り散らすのは、ふつう父親のうち何人に一人ぐらいいると思うか」

といった質問です。百パーセントか〇パーセントに両極化しがちな彼らに、その中間のことがらを考えてもらうことが役立ちますし、彼らの感覚的なところを確認することができます。たとえば今晩からでもすぐに家出をしそうなことを熱心に面接室で話す少年がいたときに、「今後父親と喧嘩して家出をする可能性はどのくらい？」と聞いてみると「二五パーセントくらい」と答えて、思いのほか低いことに安堵することもあります。「七五パーセントは家出しないんだ」と本人に返すことで、家出するしかないという話のもう一面を指摘することができます。

数字と似た方法に、黒板やクロッキーブック等に書き込んで、共にそれを見ながら指をさしたり書き込んだりして話し合うという方法があります。私は家系図や間取り図、簡単な生育史といったものを書きます。また今後の解決策として選択肢をいくつも書いてみることなどもできます。自分の問題を自分から離して眺めることは、労少なく効果は絶大なものがあります。

●肯定面を扱う

非行少年たちが一面的に状況をとらえているといいましたが、彼らはとくにその否定的な面を偏った形でとらえています。

普通に考えれば、失敗や絶望に見えることでも、肯定面を探せば新たな手がかりや考え方につながるものが潜んでいます。それは逆転満塁ホームランに望みをたくすような生き方でなく、今よりほんの少しだけ、背伸びの仕方を和らげ、地に足の付いた生き方を始めるためにです。

先の太郎君のときにも、うまく就職ができずに兄の運送手伝いをするしかなかった彼に「人を利用して新しい頑張り方をしている」と意味づけ、肯定した、あのやり方です。

この肯定的意味づけは、相手をいい気持ちにするために「よいしょ」することではありません。また指導目標に向かわせるために嘘を付いてだますことでもありません。それは一言でいえば、ものごとの多義性に目をひらく作業です。「よいしょ」や嘘では人の生き方は変わりません。

ふつう私たちは一義性の世界に住んでいます。さまざまな現象や行動には、いくつもの意味が幾十にも重なって存在していますが、たいていはそのなかの一つふたつの意味をとりあえず見繕って決めることで納得しているのです。しかし、心の問題を考える場合には多義性の世界に身を置かなければなりません。いくつもの同時に存在している意味の中から、今、背伸びを和らげ、希望の持てる意味を探し、くみ出す作業をしていくことが必要になるのです。

●比喩を扱う

多義性の世界に身を置き、肯定的な新しい意味を探すようになると、「比喩」の力の偉大さに気づくようになります。

この比喩は、立ち止まって自分を直視したら絶望しかないと思っている少年にも、「現実」ではない話ですから余裕を持たせます。比喩であれば立ち止まることも、洞察することもそれほど怖いものではないと思えるのです。

水泳のエリート選手として挫折をし、立て直せぬままに乱れた生活をしていたある若者と面接をした際のことでした。彼が南極の風景が好きだという話から、ペンギンが好きだと言ったので、ペンギンのイメージについて話し合いました。

純粋な目。

寒いところでしか生きられない。

かわいらしい。

群れる。

海の中では自由に泳げる。

よたよた歩き。

「海からあがると、よたよたとしか歩けない」というイメージで話が止まり、苦笑いしながら彼は今の自分に似ていると言いました。

私は、しかし海でしか泳げない魚よりも、たとえゆっくりであっても陸地で自分の足で歩いていけることはすごいことではないか、と応じました。そして今海から上がったばかりのあなただからこそ、ペンギンが印象的なのではないかと説明しました。彼はうれしそうにうなずいていました。

このように比喩は人の生き方と重なる部分が多いので、生き方の新しい局面を探す素材を提供してくれます。

もう一つ。同じ比喩を使う場合に、自分の問題点や否定的な部分を、自分以外のものに置き換えて考えるという方法があります。「外在化」と言います。

外在化の提唱者であるホワイトは、深刻な遺糞症の六歳の男児の面接の際に、そうした問題を「ずるがしこいプー」と名付けて、男児の問題行動は「ずるがしこいプー」と遊び、だまされた結果として意味づけ、面接を展開しています。

私の経験では、父子家庭に育った少年との面接でのことでしたが、家庭の中は大小の嘘で塗り込められていました。少年もある程度それを自覚していましたが、父親を嘘つきとは認めたくない気持ちでいっぱいでした。彼は戦争物の読み物が好きだったので、家庭内での嘘のあり方を話題にするときには、「大本営の発表」ということにしました。「どんなときにお父さんの発言が封じ込められて、大本営が発表し始めるのかな」といった具合でした。

もっとも私の面接は、ある時期から面接の節目にはほとんど「コラージュ」を使うようになりました。コラージュは断片的な写真素材を台紙に好きなように貼り付けるものですが、あらかじめ意味づけが行われやすく、純度の高い比喩の世界が容易に出現します。とくに非行そのもののイメージをコラージュで作ってもらうと、非行にまつわる彼らの意味が比喩的に多層的に吹き出てきます。また外在化の物語も出てくることがあります。

「この猫の写真はどんな感じ？」

「道に迷って困っている野良猫のような気持ち」

「この飛行機は？」

「危ない曲芸をしているけれど、まあきっと落ちないで済むかなあっていう感じ」

「このお面は？」

「悪いことをさせる不思議な力のあるお面。今お面を付けて喧嘩をするところ」

……といった会話がごく自然に出てくるのです。


いかに、一見何も考えようとしない彼らに洞察を促すのか。

パターンを脱し、変化や選択肢の広がりを重視する。

肯定的意味づけや比喩や外在化の力を借りていく。

これが非行カウンセリングの面接を作るための第三の勘どころです。

第23話　終わり方の難しさ

背伸びと息切れの生き方は、急に始まりません。また急に終わりません。いつのまにか始まっていて、いつの間にか終わっているのです。面接者もまた、胸をはってカウンセリングを終えることはそうはなく、面接者なりのカンも働かせて、えいやっと多少はらはらしながら終結することが多いように思います。そしてかなりたってから、確かにあのころから非行はおさまっていたのだなあといった具合に振り返ったり、納得したりするのです。

●不登校と非行の終わり

ここでは面接の終結時期について、不登校と非行の比較をしながら考えてみたいと思います。

まず不登校の事例では、面接や指導の結果、あるときから再び家を出て登校を始めます。そのときの面接者やそれを見守る周囲のひとたちは、面接が大きく良い方向に進んだことを実感できます。まもなく登校が持続していきそうなところを見はからって面接は終結となります。終結はドラマチックで感動的ですらあります。そして面接者は親や教師や当の不登校の本人から感謝されます。

しかし、非行は、あるときぴったっと終わるのでなく、いつのまにか終わっているのです。ですから、今から振り返るとあのころが非行の卒業だったのかなあと思うことになります。終結は非常に静かに、あっけなくやってきます。尻切れトンボのようなときもあります。

そこには背伸びをして景気のいいことを行おうとするドラマチックな人生を卒業し、地に足の付いた、地道で平凡な生活に復帰するという、それはそれで感動的な姿があるのです。しかし一般的な常識からすれば、見栄えが悪く、だらしがなかったり、あっけなかったりするわけです。それどころか面接者は、周囲の大人や他の指導者から予後の心配を聞かされ、悲観的な気持ちになって落ち込むこともあります。当の本人や家族からも必ずしも感謝されるわけではありません。深刻な事例になればなるほど、面接者は面接者としての無力感に打ちひしがれるしかないのです。

とにかく面接者は、すべてが解決して百点満点の安心を抱いてからケースを手放すのではないということを肝に銘じる必要があります。少年のゼロか百の二分化した生き方を解きほぐそうとしているのに、自分が同じ生き方に陥ってしまってはまずいのです。任意の関係での非行カウンセリングでは、非行が抑止されており、本人の背伸びの悪循環が多少とも和らぎ始めていると感じることができたら、たとえ生活状況は六〇点くらいでもやや早めに終結を検討することが良いと思っています。

●ある母親面接

また終結以前の問題として、良い経過になってきたと面接者が思ったころに突然中断やすっぽかしがやってくることがままあります。そして半年とか一年とかたって親から電話がかかってきて、うまくいっていますという種明かしのような報告を聞くこともあるのです。

かつて非行少年の息子の相談をその母親から受けていたことがあります。なかなか理知的な母親で、社会的な地位のある専門的な職業人でもありました。非行はやや深刻でしたが、背伸びと息切れの様子が母親の話からは手に取るようにくみ取れ、なんとかその悪循環を和らげたいと当時の私なりに熱を入れていました。しかし、母親の生き方もまた背伸びと行動化の生き方で（ただし一定の社会適応を果たしていましたが）、彼女は子どもの息切れがなかなか感じ取れませんでした。そして何よりも彼女は息子を支えとして生きてきたのですが、そのことをまったく自覚していませんでした。そして子どもは窮屈さを感じ、母の世界の外で背伸びをしようとしているのでした。

面接では、面接者が、母親自身の生き方に触れようとすると強烈に抵抗しました。時には彼女の著作を贈呈してきて、暗に母親自身の生き方の正当性を訴えられたように感じることもありました。

息子が都会の喧噪を離れ、実家の田舎暮らしを夏休みに体験したいと言い出して、実際にそれが実現して、面接者なりに手応えを感じた矢先、ぱったりと母親が来なくなりました。ちょうど九月のころでした。そして半年、なんの音信もなくなりました。三月下旬、私が転勤準備をしていたとき、突然その母親から私に電話が入りました。息子が高校（定時制）二年に無事進学できたことや、最近ではすっかり落ち着き、夜遊びもあまりなくなったことを報告してくれました。

息子は昨年の秋くらいから少しずつ落ちついてきたと言うのです。

　おそらく昨年の九月ころからは、自分の息子が変わり始めている、なんとかなりそうだということを母親なりに感覚的に感じたことで、露骨に意図的ではないのでしょうが、わざわざ面接者に援助を乞うこともないと感じたのでしょう。目先の仕事の忙しさから、ずるずると面接をさぼり、息子がすっかり立ち直ったことで、ようやく安心して振り返り始め、最後のけじめとしてあわてて報告の電話をかけてきたのです。

　私は母親の生き方を誰が、あるいはどのような状況が支え、解きほぐしたのだろうかという想像でいっぱいでした。そのことをそれとなく聞いてみると、彼女は、定時制高校の保護者会で、自分と同じように息子の非行で悩んでいる母親たちと親しくなり、互いに励まし合うような関係になり、気持ちがすっかり楽になったことを話してくれました。

　先の太郎君の事例でも、この母親の事例でも、本人であれ、親であれ、カウンセリングの最終コーナーを回り始めたあたりで、中断やすっぽかしをしかねない、また終結を待望する気持ちが強まります。

　私は任意の面接では、最終コーナーあたりでの中断やすっぽかしには希望を持つようにしています。非行カウンセリングでは他のカウンセリングにもまして中断やすっぽかしは成長や自己熟成の可能性があるというか、背伸びの生き方の最終調整期間にさしかかったあかしとしての意味合いがあるように思えてなりません。

●カウンセリングの評価

それからカウンセリングの失敗や成功を目先のことであまり決めつけないことが肝心です。たとえば再非行や少年鑑別所や少年院送致を完全な失敗としてとらえることは、非常に短い期間での正否を問うているにすぎません。そのような中で、彼らが貴重な体験も得て、実際にはその人なりの背伸びと息切れの修復を進めるような場合があるということを私たちは覚える必要があります。私の同業の先輩で、「プラスのラベリング」という言い回しをつかっていた人がいます。警察沙汰を起こして高校を退学したことで、あるいは事例によっては少年院に送致されたことで、親の学歴期待の圧力が急速になくなり、本人自身も良い意味で開き直り、職業人としての進路を切り開く姿勢がとれるようになった場合などをさしていました。確かに退学や少年院送致は社会的にはマイナスの出来事ですが、本人の適応上は一つのステップとなる場合があるのです。そして背伸び型であるからこそ、自発的にというより周囲から「はいそこまで」と断じてもらうほうがおさまりが付くのです。

駅伝競技で、途中棄権となる場面を見たことがあります。走者が重大な負傷を負っていて、よろよろ今にも倒れそうに走っているのですが、本人は死ぬ気で走っているのですから、まさしく倒れるまで走ろうとしています。走り抜くしか選択はないのです。そこでそうした状態を察して判断して、監督が近づいて走者の体に触るのです。そこで棄権が決まります。ボクシングでコーチが白タオルを投げ込むのも似たような仕組みです。いわば非行の息切れ状態にあって、法的措置や社会的制裁を受けるような場合、この駅伝走者やボクサーに似たことが起きているのだと思います。そしてそのときは指導や面接の好機でもあるのです。

●司法制度と終結

司法の臨床家は一見特殊な制度に組み込まれていますが、それが非行臨床にとっては非常にうまく機能していることがたくさんあります。権威の構造も先の述べたとおりです。この「終わり方」の問題も司法制度では、指導期間があらかじめ限界設定されているという強みがあります。司法制度の場合、指導とはいえそれは法的強制力に基づきますので、人権を保証する観点から指導期間の期限が決められているのです。少年院の収容期間でも、保護観察期間でも、中間処分としての家庭裁判所の試験観察の期間についても一定のしばりがあります。良くなるまでなら無期限でということはないのです。ですから、終結を先延ばしにしすぎて、かえってどろどろになるということはそうはないのです。

ただ、それでもあまりにも時間切れの感を免れない場合があります。そのようなときでも、面接以後の生活を少しでも方向付けられるように働きかける必要があります。私はそのような場合には「儀式」をすることにしています。儀式というと大げさかもしれませんが、面接者が意味づけを行い、少年が一定の体験を得られればそれはみな儀式です。

うまく終結にこぎつけた場合や気持ちやや早めに終結をする場合はもちろんのこと、時間切れに近い場合は「儀式」はとくに有効です。先の太郎君の卒業記念作品は気持ち少し早めの終結の儀式でした。次郎君のお守りはあまりに時間不足の中での苦肉の儀式でした。しかしするとしないとでは大きな違いがあるように思います。

任意の非行カウンセリングでは期間制限は設定されていません。しかし家族や社会の行事や年度の節目を活用することは可能です。学生であれば卒業や進学、修学旅行といった行事が節目として役立つことと思います。

いかに、終結を迎えるのか。

問題はあるものの、非行が抑止され、背伸びと行動化が多少とも和らぎ始めたら、少し早めに、時に儀式を組み込みながら、終結とする。

中断や再非行などにも、希望を持つ。

これが非行カウンセリングの面接を作るための第四の勘どころです。

そして最後の面接では、たとえほんのわずかであっても、彼の人生の中に新しい変化が生まれたことに面接者として最大限に満足しながら席を立ちたいと思うのです。

第Ⅲ章　非行のいま

八　非行のいま

第24話　人の痛みを感じること

よく人から、最近の非行少年は昔と比べ変わったのか、という質問を受けます。また非行少年の理解やカウンセリングも時代とともに変わるのではないかという質問もあります。何が変わったのでしょうか。あるいは何が変わっていないのでしょうか。

私は、少なくとも、疎外感、無力感を否定しようとして背伸びをして、行動化していく非行の基本的な仕組みは変わらないと思っています。

しかし、その疎外感や無力感の否定の方法は、微妙に時代の影響を受けるのもまた事実です。

ここからは、その辺のニュアンスを、最近とくに急増しつつあるひったくり非行を手がかりに、考えてみたいと思います。

●被害イメージのトリック

多くの若者がひったくりを気軽に行い、とりつかれたように反復をしています。統計によると、年々すごいいきおいで増えています。犯人のほとんどが少年で、それも万引きのような、非行の初期段階の事例が多いのが特徴です。

ひったくりを行った彼らの言葉は、

「とられるヤツが悪い」

「バイクの運転さえできれば誰でもやれる」

「ひったくったバッグから何がでてくるのかわくわくする」

「みんながやっている。後は捕まったか捕まらないかの違い」

など、その気軽さに周囲は驚くばかりです。

まずはA君の登場です。彼とは少年院のグループワークの中で出会いました。

彼は開口一番「駆け引きですよ」と言いだしました。私が「ひったくりのどこがいいのか」と聞いた時のことでした。彼は被害者と警察とを敵に回し、いかにバッグをかっさらうか。その読みと判断が格別にスリルがあって楽しいと言うのです。そして警察に追われても絶対に捕まらないと彼は胸を張りました。毎回、三五～四〇歳くらいの女性を狙うのですが、バッグや服装の高価なものを身につけている人を狙うと現金が多いのだと解説してくれました。

彼にほかの少年たちと一緒に、ひったくりのイメージのコラージュを作ってもらってみました。コラージュとは、雑誌の写真を切り取り、台紙に自由に貼り付けていく方法で、イメージの即興表現に力があります。彼は熱心にハサミを使いながら、一枚の台紙の上に、被害者の女性を三分割にして表現しました（図10）。右から、最初がA君が接近しているのに気が付かないで歩いてい

図10

る姿、次がひったくられた瞬間の姿。そして最後がA君を追いかける姿でした。そして、彼は最後の追いかける姿をかなり苦心して、時間をかけて作りました。それだけが字だらけの頁を使い、シルエットだけで表現したからです。

自慢げな彼に、感嘆する私。そうだ、ひったくりは、被害者の顔を見ることがないのだ。私は納得しました。ひったくりをする彼らは被害者の後ろ姿を見ながら接近しますが、追い越しざまにひったくった後はもう見ることがないのです。普通、恐喝や強盗といった非行では、必ず被害者との相互作用があります。言葉のやりとりや手口のスキルが少なからずあるのです。恐怖におびえる表情や懇願する言葉、時には怒鳴り返す怒りの反応が返ってきます。そこでは自ずと被害者の生身の感情に触れることになります。しかし、ひったくりにはこれがありません。被害者の悲痛はないかのごとくに振舞えるのです。

●バーチャルからリアルへ

ほかのある少年は、「ひったくりの時の被害者の悲鳴が耳に残ってしまい、やめることはなかったが途中からはやるのがしんどくなった」と言っていました。またある少年は「ひったくったバッグの中からその人の家族写真が出てくると妙に嫌な気持ちになった」と言っていました。こうした言葉は、普段いかに被害者の悲痛に鈍感になってひったくりが行われているかを傍証していると思います。

被害者の痛みに鈍感になれればこそ、ひったくりは行為自体を楽しみ、スリルや獲物を求める遊びになってしまうのでしょう。

A君には物心がついた頃から父親はいませんでした。病弱な母親が忙しく働きに出ていました。彼はもう小学校低学年の頃から、家出を繰り返し、万引きや賽銭泥棒などを行っていました。いつしか彼にとって家庭よりも家出仲間との交流が身の置き所となっていました。中学校の頃には児童自立支援施設に収容されましたが、そこを出ると家出を繰り返し、今度はひったくりを幾度も繰り返すようになっていたのでした。

彼はどこか優しい受容者を求めていました。それはおそらく母親への気持ちの変形したものであると思います。彼はひったくりでは三五〜四〇歳のオバサンを狙ったと言いますが、彼の母親もちょうどこの年齢に当たっていました。自分の母親同然の女性を狙っているのです。A君には抵抗はないのでしょうか。おそらくA君は被害者だけでなく母親にも鈍感になっているのだと思います。ずっと母親に愛情を求めながらも得られない状態を続けるなかで、母親という存在に鈍感になることで気持ちの揺れをおさめてきたのです。

ひったくりに限らず、年齢の低い非行少年たちと話しているとA君のように、家族の存在にこだわりながら、鈍感になっている（なろうとしている）ことが多いように思います。だから人の痛みに鈍感になりやすかったり、バーチャルなスリルと遊びの世界に抵抗なく入り込んでいけるところがあります。バーチャルな世界から回復させる特効薬は、やはり家族の関係がリアルになることにあります。

●痛みがわかるとき

ここでB君のことも合わせてお伝えしたいと思います。

彼はひったくり非行で少年院に送致されましたが、少年院生活中も家族に対する不信感、拒絶感は相当なものがありました。彼は少年院で「内観」というプログラムを受けることになりました。これは外部からの刺激を遠ざけた個室の中で、幼い頃からの生活を振り返り、親から何をしてもらったのか、自分は親に何をしてあげたのか。迷惑をかけたことは何か。その関わり一つ一つを思い起こし、自分を見つめ直すという心理療法の一種です。B君に親への感謝の気持ちが芽生えた時、自分が中学生の頃に母親を殴って骨折させたことを思い出しました。そして親のつらさを親の立場から考えられるようになったとき、自分のひったくりの被害者への思いもわくようになったと言うのです。B君はしみじみと「相手はこわかっただろうなと思います」と話すまでになりました。このように、親との関係が回復したとき、親世代を襲うひったくりの罪責感も回復していくものですし、もっと一般的に非行全般に、家族や身近な人との関係が合い向かうものとなったときに、被害者という存在がリアルなものになっていくのです。

第25話　人と親しくなること

●連帯感の促成

C君は、高校生四人組のひったくり集団の一人でした。四人とも補導歴もなければ怠学もなく、高校中心の生活を送っていました。ところが、四人は二人一組でひったくりをして、その成果を競い合っていたのです。喫茶店に集結し、二手に分かれてひったくりを行い、その後成果を同じ喫茶店で報告しあうということもありました。C君は、始め、ひったくりにはかなり躊躇するものがありましたが、四人組の中では、「おとぼけ」「とろい」と言われることがあって、ここでそういう仲間を見返してやるのだという思いから参加しました。後には引けなかったのです。おもしろいことに、この集団では二人一組の親友関係がはっきりしていました。そしてその親しい仲間同士では、ひったくりをけっして一緒にしませんでした。彼らは、親しいから一緒にひったくりをするというのでなく、それほど親しくないからこそひったくりをするのです。そこには、虚勢を張り合う姿、馬鹿にされまいと背伸びをする姿が見え隠れしているように思えました。

D君は三人組のひったくり集団のリーダー格の少年でした。もともとこの集団は彼とE君という幼友達に、F君という新しい仲間が加わって形成されたもので、E君はどちらかというとつきあいの長いD君に親和していました。E君の話を聞きますと、やはり新顔のF君よりは幼友だちのD君をより頼りにしているようでした。ところがD君は、E君とF君の仲の良さに圧倒され、自分が疎外されているような感覚を味わっていました。

彼ら三人組のひったくりの仕掛け人はD君でした。彼は過去にひったくり体験を持っており、他の二人を強引にひったくりに引き込んでいったのです。私には、D君がひったくりという方法で、仲間集団に介入し、失地回復を図ったようなところがあったと思えてなりませんでした。

●遊びという発達課題

先にひったくり非行は、被害者と接触しながらも被害者の顔も見えず、被害者の痛みに鈍感になりがちであることを指摘しました。だからスリルや遊びを求めやすいのだと。

一般に、獲得というスリルや自己効力感を味わう遊びは、やがて一緒に遊ぶ仲間との連帯感や一体感を味わう場として成長していきます。秘密を共有する関係、競い合う関係、一緒に協力しあい、助け合う関係、技術を教え合い、一緒に成し遂げる関係。普通の遊びが集団遊びに向かい、いつしか原初的なスリルから人間関係の味わいに魅力の力点が移動するように、ひったくり非行もまた単独で行うことは少なく、集団を組み、さまざまな人間関係を内包しながら反復されていくのです。「ひったくりにはまった」と表現する少年がいるほど、その魅力は得難いものになっていきます。

それならば、ひったくりでなくとも集団で行う非行であればどれも同じということになるのでしょうか。確かに多くの非行集団は濃密な連帯感を味わえるようになっています。ただ、ひったくり非行の場合は、他の集団非行と異なり、実に曖昧で多様な集団を組めるという特徴があるのです。たとえば、ひったくり集団は数人でも大勢でも成り立つし、無手勝流でも技巧派でも成り立ちます。突然集まった烏合の衆でも、リーダーが存在してもしなくても、熟達者がいてもいなくてもかまわないのです。もちろんリーダーがいて組織的に動いてもそれなりの甲斐があります。またひったくり仲間が増えたり減ったり、部分参加したりといったことも気軽に行われます。実行時の乗り物も車でもバイクでも自転車でも実行可能であるし、たとえ乗り物がなくとも自分の足だけでもできてしまいます。地元の熟知した裏道で行うのも逃げるのに便利であるし、見知らぬ土地で行うのも顔が割れないので便利であるのです。

こうした多様性は、従来の対人型の非行と比べると際だっています。凝集性の高い仲間集団に所属していなくても、それぞれの対人資源に応じて思い立ったら始められるのです。

ひったくりの激増。それは仲間とのふれあいを求める、それも性急に自暴的に求めてしまう現代若者の姿を現している非行現象なのだと思います。

●口コミ情報の暴走

被害者の痛みを感じなくなること。連帯感を促成すること。これらに加えて、ひったくり非行には、もう一つ指摘できることがあると思います。それは口コミ情報の暴走です。

G君はなかなか理知派の非行少年でした。彼はひったくりの魅力をこう私に話してくれました。「ひったくったときのスリルが魅力だったのかもしれない」と。そして自分のひったくりを始めたころを思いだし、「みんながやっていて、捕まることもないと思ったし……」と。

しかし、彼の仲間の誰もひったくり非行を経験した者がいませんでした。彼は言いました。街で「ひったくり注意」といったポスターをやたらと見るようになった。テレビニュースでひったくり事件でこれだけの被害があったという報道を耳にするようになった。だから、みんながやっていて、捕まることもないと思ったのだと。

彼らは仲間世界を中心に自分たちの物差しをつくっていくので、口コミ情報による影響が大きいのです。一度ひったくり話が流布されると、非行予備軍や非行現役軍にすぐに届いてしまいます。この数年の全国の若者を取り巻く環境を見てみると、口コミに代わる「携帯電話」の情報交換が全盛を迎えています。そしてその「携帯」人口は急速に低年齢化を果たし、今やひったくり話もそれほど親しいわけではない人物から得々と流されることになっています。その結果「みんながやっている」「やれば成功する」「やるとおもしろい」といったイメージが流通することになっているのです。

ただし、臆病なG君のひったくりはややオリジナルでした。突然通り過ぎる際に「蹴り」を入れてバッグを奪うのでした。皮肉なことに、人のひったくりを見たことがなかったために、不慣れで大胆になってしまったのでした。

第26話　薬物非行、粗暴非行、ひったくり非行

●カジュアル覚せい剤

振り返って見ると、ひったくり非行より数年早く、ちょうど平成六年、七年ころから少年非行の形態や動機が急速に変わり始めたように思います。当時私は首都圏の少年鑑別所に勤務しながらその変化にずいぶんと戸惑ったものでした。

まず薬物非行が変わりました。覚せい剤の使用がそれまでの注射によるものから「あぶり吸引」型に一気に変わったのでした。これはアルミホイルの上に粉を置き、下からライターなどで加熱

するもので、シンナー吸引が一人一人下を向きながら行うのに対して、フェイス・ツウ・フェイスで仲間と向かい合うもので、注射痕跡もなく薬理効果も弱いカジュアルな形態として急激に普及しました。入手も暴力団員からでなく携帯電話を使っての外国人からとなりました。利用者たちも従来の非行性の進んだ人物から、補導歴もないような、非行の入口にいる若者に変わったのでした。薬物を介在させながら、ハイな気分でしゃべり続け、連帯感を求めようとする若者の文化が従来の薬物非行にとってかわった感じがしました。

当時、私なりにこの新しい覚せい剤非行の研究をしたことがありましたが、薬物使用をしている非行少年たちにソンディ・テストという心理テストを実施し、グループで比較してみると、やはりカジュアルな新しい覚せい剤使用者には、人との連帯を求め群れようとする傾向が顕著に現れていました。

やや図式的に言えば、従来の注射型覚せい剤使用者は、「暴力団員やその周辺とかかわりがあり、社会からはみ出たふつうでない人」というイメージがあって、深刻な無力感や劣等感を払拭しようと、普通の人がとてもやらない薬物に手を出し、かつ薬理効果により強烈な万能感や自己拡大感を味わえるという魅力がありました。

一方、吸引型の覚せい剤使用者は大麻使用者と似て「不良集団に属しているわけでなく、ごくふつうの学生や若者」というイメージがあり、疎外感や孤独感を払拭する気軽な方法として魅力がありました。ひったくりやその他の集団非行のように一過的に濃密なかかわりを味わうのでなく、もう少しお手軽で浅い関係で味わえる手軽さがあるのです。社会生活に疲れ、息切れしているのですが、それを認められず、かといって他に打開策もないままに、お気軽な空間と関係を手に入れ、とりあえず寂しさを幻想的に紛らわしているのです。

●カジュアル強盗

カジュアル覚せい剤と同じ時期、もう一つの大変化がありました。それは強盗などの粗暴非行の変貌でした。覚せい剤と同じで、強盗と言えばそれまで、やはり悪質であり、実行者は非行性がかなり進んだ者たちでした。

しかし、この頃から事情は一変しました。補導歴もないような高校生やその年代の若者たちが突然物騒な事件を起こし始めたのです。動機も憂さ晴らしや遊び気分で同調して強盗に及ぶことが目立っていました。これも覚せい剤の変化と似ています。強盗の技術もあまり重要でなくなり、ノックアウト強盗のように非行文化になじんでいないために粗暴性が高まるような皮肉な現象も生じました。テレビニュースをヒントに無手勝流に実行に移すような者も現れました。思春期の無力感や疎外感を抱えながら処理しきれない青年層の暴発とも解することができました。そしてこうした、いきなりとも言える粗暴非行の少年たちの場合は、かなり背伸びと息切れの悪循環が典型的に見て取れるように思います。親の学歴期待と本人の中途半端な学業生活。そして進級や卒業の危機、あるいは卒業後の当てのなさといった状況因。あるいは友人や親類やきょうだいとの優劣関係で大きく水をあけられるような状況因。そのような中で、本人からすれば、無力感や劣等感に刺激を受けて、粗暴な言動として暴発してしまうのです。

●ひったくり非行の登場

そして、ひったくりが二年ほど後れて激増し始めました。薬物でも、強盗でもない、財産犯罪です。しかし、カジュアルな覚せい剤のような連帯感（疎外感の否定）を味わえ、カジュアルな強盗事犯のような感情発散（無力感の否定）も味わえ、さらに単純な思いつきで仲間とつるみ合っていく格好の手段として、より低年齢層を中心に新たな動きを見せているのです。

ちなみに、ひったくり非行への対応を単純化していうと、早い段階での年少者のひったくりは、疎外感の処理が主で、親や身近な大人への露骨な甘えと援助欲求がこめられていますので、親と子の関係を回復するような働きかけが重要になります。

逆にひったくりの反復が続く、思春期以降の若者の場合は、より無力感の処理が主となることが多く、仲間との複雑な相互作用の中で行われていますので、彼らが自分の弱さを受け入れ、良い意味で開き直ったかたちで、自分の自信や目標を修復していくことができるように援助していく必要があります。

ひったくり非行は従来の非行に比べ、行為や本人たちの説明の仕方に非常に新しいものがありますが、だからといって新しい理解枠とカウンセリングが必要だということではありません。無力感、疎外感の処理のために、背伸びをして動き回っているという点では何ら他の非行と変わりがないのです。その処理のニュアンスが違うだけなのです。

ですから、ひったくり非行のように、時代が変わり、非行行為の内容が微妙に変化したとしても、非行の理解枠とカウンセリングの原則（勘どころ）は変わるわけではないのです。

第27話　非行カウンセリングと社会

●社会の権威と枠付け

第二章で、少年鑑別所に収容されてみるみる素直になっていく非行少年の話をしました。こうした施設収容に伴う「権威と枠組み」の効用というのは、それがわかりやすいかたちで短期間に繰り広げられるために劇的でしたが、同じようなことは社会全体でごく自然に起きてきたことだと思います。

しかし、現代社会は個人の自由を手に入れるのと引き替えに、権威と枠組みを手放しました。そのために個人の欲求に基づいた消費物と情報を貪欲に獲得しましたが、同時にいちいち自分で判断し、自己統制するという途方もない自己責任と不安を負うことになったのです。

たとえば、父親の未熟化という言葉を聞くことがあります。しかし、そうでしょうか。昔の父親は確かに厳格に見えましたし、権威を発揮する際のシンボルになったことには違いありません。

しかし、そうした昔の父親が人格的に成熟しており、判断や統制に優れていたということは、おそらくなかったと思います。それでも社会や家庭の行事や慣例やしがらみに権威と枠組みが組み込まれていたので、機能していたということなのだと思います。少し乱暴な言い方をすれば、昔も今も多くの父親はそれほど本質は違わないのですが、社会が権威と枠組みを失ったことで、現在の父親はその未熟でいい加減な資質を露呈しやすくなっているのです。

非行問題や青少年問題も同じです。最近の非行少年は未熟でわがままでいい加減だと言っても、昔の非行少年もまた未熟でわがままでいい加減だったのです。人格のありようが根本的に変化したとは考えにくいと思います。しかし、同じように問題のある資質が、それをうまい具合に統制し、歯止めをかけてくれる社会と家庭の権威と枠組みが低下したために、今は露呈しやすくなっているということは言えると思うのです。

●露呈したもの

それでは今、現代人の資質の何が露呈し始めているのでしょうか。それは、いわば「二分法」の生き方であると思います。「二分法」の生き方というのは百かゼロのどちらかしかない生き方であり、大成功か大失敗の生き方です。したがって中間がないのです。

実は権威と枠組みが低下する時代というのは、この二分法の生き方を誘発する時代にもなっています。

そもそも権威と枠組みというのは、価値観にかかわることです。これが低下すれば当然価値観が多様化するのですが、実際には、少なくとも現代日本では逆説が起きています。確かに表面的な価値観は多彩を極め、個人の欲求行動は足取りが軽くなったように見えます。しかし、個々人に確固とした価値観がないために、自由放題というのは、いざというときに判断すべき基準がないために非常に混乱してしまうのです。不安や被害感をいやがおうでもため込んでしまうことになっています。そこで、どうするのかといえば、「損得」や「人並み」が重視され、子育てにおいては学歴期待がますます深く浸透してしまうのです。損か得か。人並みか外れ者か。学業優秀かそうでないか。これはおそろしく画一化された社会です。

実は非行や引きこもりという問題も、この画一化と二分法の生き方と深く関係しているのです。

思春期・青年期の若者が本来の自分らしいと思う生き方を否定されて、無力感や疎外感に苦しむような場合、画一的な価値観を持っていればいるほどストレスを感じやすくなります。そして成功か失敗の二分法の生き方を続けていると、ギャンブル的な生き方を強めてしまいます。少し成功したり、少し失敗したりという日常を受け入れられず、大成功、大活躍を希求し、背伸びに背伸びを重ねるのです。そして背伸びの限界点でもなお、強行突破的に、あるいは自暴自棄に動いていくのが非行の姿でなのです。彼らは、本来の自分らしい姿を不良交遊や逸脱的行為の中で味わおうとし、無力感や疎外感を強烈に払拭していくのです。本書で再三説明した背伸びと息切れの悪循環の姿です。

一方、背伸びの限界点で、へたりこみ、完全撤退するのが引きこもりの姿です。彼らは、自分だけの空間を支配することで無力感や疎外感に傷つけられずに済むし、社会的な検閲を受けずに自分の幻想を肥大させていくことができるのです。

さて、もうひとつやっかいな二分法の生き方があります。それは病的な二分法の生き方です。非行や引きこもりが人生や発達の節目で起きる反転だとすれば、病的なほうは、常時百かゼロかの二分法をとり続ける人格の病です。精神病でも神経症でもない「人格障害」という病気です。社会がどんどん画一化され二分化されるなかで、この病的な二分法の生き方をする人たちが、増えてきています。他人も自分も「良い人」「悪い人」、「好かれる自分」「嫌われる自分」と百かゼロかで捕らえ、それが瞬時に反転してしまうわけですから大変なことです。普通の非行少年とは比べものにならないほど、気分の変化が激しく、衝動的で行動的となります。世間の耳目をひく少年事件も多くはこの病的な二分法の世界に生きている「人格障害者」によることが多いのです。

それではどうすればよいのでしょうか。非行や引きこもりの若者が、そして人格障害の若者が一番成熟したかたちで問題を卒業するときは、「こんなに自分は無力で寂しい存在だけれども自分なりに生きていくしかない」といった、良い意味での開き直りをするようになったときです。そして少し嫌われ、少し失敗しながらも希望をもって生きていくのです。これは二分法の生き方からの卒業であり、最高でも最低でもない中間の自分の位置を実感として受け入れたときでもあるのです。

大人が、まず自らの二分法の生き方を解きほぐし、自分の素朴な価値観を点検しながら、若者に接するとき、彼らの主体性や価値観が引き出され、少なくとも一方で社会の枠組みがゆっくりと復興していくに違いないと思うのです。

そして、そうしたことがらを、社会ではなく、面接室という限られた空間と人間関係の中で行っていくのが、非行カウンセリングの本質であると私は思っています。

付章　実践ノート

一　背伸びの心理と心理テスト

本文でもたびたび述べたように、非行臨床の独自性が「背伸びややせ我慢」の適応を視座にしたものであるとすれば、心理テストもまた同じように解釈にあたって、独自の強調点があることになる。

本文四五頁でも触れたが、「背伸びややせ我慢」といった場合の、意識次元について考えてみると、無意識の抑圧でもなく、明確な意識上の葛藤でもない。悩まないように自分の現実や問題を考えまいとして必死に背伸びをしている「否定」の姿である。前意識的な次元での無力感や疎外感のやりくりと言えるであろう。したがって、当事者もまったく意識していないわけではなく、意識の底のほうで曖昧模糊とした不快な感覚を抱き、そのことを認めずにそれに蓋をしようとしているのである。

こうした生き方を続ける人が、言葉で自分の状況や真の感情を語ることは難しいし、自己直面化を促そうと下手に背伸び・やせ我慢の生き方をこちらが指摘しても、知的にだけ伝わってしまい、かえって防衛が強まり、逆効果になることも多い。査定・診断にしろ治療・教育にしろ、心理テストは、背伸び・やせ我慢の構造をもつ人に対して、現実の生活刺激から距離をとり、保護された擬似空間の中でその認知を探り、揺さぶることのできる有力な方法の一つなのである。

以下、代表的な投影法テストに絞り、非行少年の心理テストの解釈にあたって「背伸び・やせ我慢」の視点がどのように関係していくのか、いくつかの具体的な例をあげ、要点のみを指摘したい。

さらに、各テストごとに、非行少年のテスト特徴が多少とも扱われている論文や、非行少年のテストの数的な標準反応がわかる文献を併せて紹介する。特に標準反応というのは、テスト解釈上、非常に重要なことである。テスト結果から非行や行動化に向かう機制を感じとることができたとしても、さらにそれがどのくらい個性的なものであるのか、それほど大した特徴ではないのか、その辺のことは、やはり標準的な反応を知っていて初めてわかることである。標準反応からのズレ具合で、その反応の特徴を感受していくというのがテストでは大事なことなのである。

もっとも、この付章で学術的なテスト論を展開するつもりはない。私がかつて同業の先輩らに紹介され、実務の上で参考になり、輝いていると感じている文献を、私も次の後輩たちに語り継ぐつもりで、思いっきり主観的に紹介させていただく。

1　描画テスト

(1)　課題画

描画における表現というのは、他の投影法テストにはない能動性が要求される。そのため、社会的な要素の強い課題画（家族画や学校画等）の場合、描き手はそのテーマを意識することになる。非行少年の描く家族画を例に考えてみると、不遇な境遇や葛藤に満ちた家族関係を背負いながら生きている彼らが、それなりの家族像を必死に描いてくれるということは驚くべきことである。解釈者として、微細な否定的な指標を積み重ねていくことにも意味はあるが、大局で自分の家族と必死に折り合おうとしている息づかいのようなものがどのように表現されているのかを評価することが先決である。背伸び・やせ我慢という視点に立つと、描画イメージを前にして、駄目な人が駄目なイメージを出していると考えるのではなく、描き手なりに時間や距離などのクッションを用意したり、あるいは理想像に思いを込めながら、絶望的な現実に必死に耐えようとしている姿が見えるのである。

(2)　自由画

課題指定をしないコラージュなどでは、さらに表現に能動性が要求されるために、非行少年の作品の場合、画上に背伸びをしたり、より良い自分を見せようとする姿が実によく現れる。複数枚、継続実施することで、自分を良く見せ、背伸びする程度がどれ程度強固なものか、あるいは弱まり変動していくものなのかを見立てていくことができる。査定であればその予後を、治療であればその変化（背伸び・やせ我慢の緩和）をそれぞれ軸に扱っていくことになる。

なお、鉛筆やクレヨンによる自由画は、描き手の側に描きたい背伸びの理想世界があったとしても、絵画表現自体への苦手意識や、実際に描いた際の拙い自分の出来に、気持ちは萎えがちであり、むしろ一定の課題を出したほうがかえって描ける少年が多い。また自由画であっても、知的に優れている少年の中には、自己顕示的に、徹底した抽象表現を自慢げな説明付きで嬉々として描くこともある。

(3) その他

雨の中の私画という描画テストがある。これは背伸び・やせ我慢のあり方を直接的に扱うという点で、唯一のテストと言えよう。起源においてはストレス状況下の身体イメージを探るテストとして米国で始まったものであるが、日本の非行臨床に導入されるにあたって、「雨の中の私、という題で」「雨と自分が描かれていればほかは何を描いてもかまわない」といった言い回しの教示に微変化させている。そのため、暗に社会的要素の混入を促し、社会適応における背伸び・やせ我慢のあり方を探るテストとして独自に発展してきているものである。

文献（家族画）

▼「非行臨床における家族画の活用」（藤掛明、「臨床精神医学」増刊号・芸術療法と表現病理、アークメディア、二〇〇二）

非行少年の家族画の査定と治療・指導的な活用の仕方を、私なりに実感の持てる部分をえりすぐってまとめてみた論文である。

なお、非行少年に限って家族画を扱う書籍が存在する。『家族画ガイドブック』（遠藤辰夫監修、矯正協会、一九八九）である。幅広く非行の家族画事例を概観したい人にはお勧めできる。

▼「描画に現れる家族イメージ――非行少年と一般少年の比較を通して」（脇野満寿美、「障害児教育研究紀要」一一号、大阪教育大学、一九八八）

非行少年の家族画を高校生の家族画と比較した研究。各サインの比較にとどまらず、印象評定も比較している。私も非行少年の家族画の収集でほんの気持ち、協力した。この論文で「私の家族」画のサインの出現率の標準反応がわかる。

▼「非行少年の家族関係の分析――質問紙法と描画法による類型化とその臨床像の検討」（藤掛明、「矯正研修所紀要」第五号、法務省矯正研修所、一九九〇）

私も家族画（教示は「動的家族画」）の統計的研究をしたことがある。各サインの出現も調べ、最終的には数量化Ⅲ類で四類型を作った。またその類型ごとに複数の事例の臨床的検討を行い、類型の肉付けも行った。論文の目的ではないが、動的家族画の標準反応や出現パターンの多い四類型がわかる（ただし紀要では、字数の関係で各サインごとの出現の表は省略されている）。この研究の反響はあったのかないのかわからないが、この数年後、タイ王国の非行少年の家族画や、韓国の非行少年の家族画の分析の依頼が舞い込み、まったく同じ手法で分析して論文を書いた。ちなみにタイは人物が非常に小さく、風景に溶け込みそうであった。韓国は逆に人物が大きく、また劇的な場面を描いている絵が多かった。日本の家族画は、タイと韓国の間くらいのような気がした。

文献（コラージュ）

▼「非行臨床におけるコラージュ療法」（藤掛明、「現代のエスプリ」三八六号、至文堂、一九九九）

非行少年のコラージュについて総覧的に書いた解説。最後に治療事例を一本載せたが、それは本書「非行カウンセリング入門」の次郎君の事例をほんの少しコラージュ中心に報告したもの。

▼「非行少年のコラージュ（1）〜（3）」（藤掛明、小島賢一、中村尚尚義、上野雅宏、「犯罪心理学研究」第三二巻特別号、日本犯罪心理学会、一九九四）

学会での非行のコラージュの最初の報告であると思う。（2）では非行少年男子の作品を形式・内容の特徴ごとに出現率調査しており、一応の標準反応がわかる。

文献（雨の中の私画）

▼「雨の降る情景――『雨の中の私』画という描画法」（藤掛明、「刑政」第一一一巻第二号、矯正協会、二〇〇〇）

雨の中の私画の簡単な解説と共に、非行少年の描画八事例をこれまた簡単に紹介し、背伸び・やせ我慢の姿をほのかに伝えている。

▼「非行少年の『雨の中の私』画の分析（1）〜（5）」（藤掛明、大山晋ほか、「犯罪心理学研究」第二九巻〜第三三巻特別号、日本犯罪心理学会、一九九一〜一九九五）

非行少年の「雨の中の私」画の典型事例や、時系列での変化の様子など、いろいろな切り方で分析を試みている。（3）では本書「非行カウンセリング入門」で扱った「いじっぱり」少年の四事例を集め、分析している。また（1）では男子、（4）では女子の描画特徴について出現率調査をしており、標準反応がわかる。

2　TAT（マレー版）

（1）20図版の魅力

20図版は終結図版として高い評価を得ている。その人の今後が内省的に語られ、予後の評定にも有効とされている。この図版を背伸び・やせ我慢の観点から見ると、この図版の圧倒的な暗闇の中で寂しくたたずむ人物がいるために、疎外感、無力感の強い刺激にさらされ、多くの非行少年にとってつらい経験となる。自己直面化に向けてある程度準備のできている少年たちだけが自分の現実を受け入れつつ、内省的な思いを語れる。またその正反対に、そうした刺激を受け付けないようにする構えの度合いが極まっている人には、ショックとなり、人を見いだすことができず、画面の濃淡や明暗に反応し、火山や海底などの場面を語ることになる。このように20図版は、「背伸び、やせ我慢」直面図版と言える。

(2) 後半シリーズの重要性

図版の一般的な使用頻度、人気度を見るなら、前半シリーズが中心であることには間違いない。しかし、背伸び・やせ我慢の生き方を探る図版という観点からは、後半シリーズの重要性を指摘できる。13G図版では、階段を登る幼い人物が描かれており、階段を上るにあたってつらくとも弱音を吐くことが少なく、あっても屋上（階上）に到達することで救われる感覚を抱く場合が多く、語り手の背伸び・やせ我慢のあり方を鮮明に見せてくれる場合が多い。ほかにも13B図版、14図版、17BM図版、18BM図版など、背伸び・やせ我慢の生き方の一端を鮮やかに見せてくれる図版である。

(3) 物語の結末

非行少年の物語の結末が、とってつけたようなハッピーエンドになると言われ、一般にこうした反応は、将来への見通しや現実的な検討力の乏しさ、楽観性といった意味づけがなされることが多い。しかし、背伸び・やせ我慢の観点から見るならば、息切れ状態にある現実の中で、このまま背伸び・やせ我慢を続けていくための希望が必要になっており、だからこそバラ色の未来を語らざるを得ないという事情があることがわかる。彼らが現実的に自分の現在や未来を考えたなら、絶望や意気消沈しかないからこそ、あえて未来は成功すると思い込み、現在の自分を少しでも元気づけようとしているのである。したがって、幸福結末は、将来への楽観性を示してはいるものの、同時に、現実の適応努力の行き詰まり感の深刻さと生き残りへの意欲を示していると考えられる。

文献

▼『TATアナリシス』（坪内順子、垣内出版、一九八四）

臨床的センスでTATをみずみずしく語っている書。20図版の解説では、その良さを指摘し、「爆発の光景」や「深海の風景」を精神病質の人に多い感触をもっているというあたり、さすが非行実務家のかいた解説書という気がする。図版ごとに、文献ノートというタイトルで断片的に解釈仮説を紹介しているが、参照するのにちょうどよい加減で、私の手元の本はぼろぼろを通り越して、ページがはがれている。

▼『TAT解釈の実際――臨床事例から学ぶ』（安香宏、藤田宗和編、新曜社、一九九七）

研究会の討議から生まれたTAT事例研究集。解釈所見を引き出す過程をかいま見せてくれる、貴重な書。七事例をとりあげているが、非行・犯罪の事例が多い。編者のお二人もかつては鑑別所の心理技官だった。

▼「非行少年のTATの量的考察」（磯貝嘉代子、「調研紀要」一、調査官研修所、一九六一）

若き日の村瀬嘉代子氏の論文。一般青年群と非行とでの比較を行っている。名大式TATを使い、標準反応も明らかにしている。

▼「TATからみた非行少年の家族認知の分析」（藤掛明、荒井裕子、「犯罪心理学研究」第二五巻特別号、日本犯罪心理学会、一九八七）

マレー版TATで、家族関係の言及の多かった上位三枚の図版、6BM、12M、13Bの各図版について、その反応文を意味文節ごとに分け、その頻度の高いものを分析項目として抽出し、図版ごとに数量化Ⅲ類を用いて類型化を行った研究。なんというエネルギー。私はこの研究準備中、寝るとき目を閉じると図版が浮かんでしまって困ったことがあった。三種の図版についてだけであるが、意味文節ごとの出現率、また類型を明らかにしている。

3　その他のテスト

描画テスト、ＴＡＴ以外の主要なテストでのトピックスを列記する。

(1) ロールシャッハ・テスト

犯罪者や非行少年はＦ％が多い。これはインク像の形や輪郭だけに反応する傾向を表すことから、一般に紋切り的で想像力の乏しい人格像を示すと言われている。しかし、同時に自己抑制の構えをも示しており、Ｆで知覚し刺激に鈍感になることで、それ以上の動揺を避け現状を維持できている面がある。河合隼雄氏が、「養護施設の児童によく見られる傾向」と指摘している（『臨床場面におけるロールシャッハ法』、事例五）ことと同様の現象である。

また思春期を乗り越えた「いじっぱり」型の若者で、Ｍ系列でうっ屈したニュアンスを表現し、衝動性をかろうじて抑え、恨み辛みを否定しようとする事例も多く見られる。

また数は少ないが、内容分析において、不快な刺激を感じても、かわいい小動物などに見立て、知覚の対象を価値下げすることで、かかわりを持ち続けていこうとすることがある。これも苦境を生き抜く背伸び・やせ我慢の生き方を続けていく上での有効な知覚スタイルになっている一例である。

文献

▼「非行少年のロールシャッハ・プロトコル解釈のための資料」（空井健三、「ロールシャッハ研究」第二号、金子書房、一九五九）

古い論文であるが、実に本質的な視点を提供している。シャハテルの理論を基に検査状況下での主観的経験を扱っている。論考は原則の考察にとどまらず、スコアとの関連にまで及んでいる。こうした観点は、特に非行の投影法テストにおいては重要な視点になると思う。安香宏氏がＴＡＴについて「被験者は空想どころか課題解決を求められている、とすらいえるかもしれない」（「空想の分析」、「現代のエスプリ」別冊、一九七六）という場合も同じ観点であると思うし、私が描画テストについて「状況から読む」「課題や教示の反応として読む」（『描画テスト・描画療法入門』、一九九九）といった場合も、やはり空井氏の観点と同じである。

なお、ロールシャッハ・テストには非行だけを扱った書籍が存在する。古いもので絶版であるが、『ロールシャッハ・テスト』（市村潤、新書館、一九六七）である。もっとも、ロールシャッハの場合、参考書が多く、どれかぶ厚い解説書を手に取れば、たいてい「非行」の章がある。文献が多すぎて迷う感じである。私は『ロールシャッハ診断法Ⅱ』（後出）と、かの有名な『新・心理診断法』（片口安史、金子書房）の「非行」解説を読んだ。

▼「遅発性犯罪者の犯罪行動の意味」（澤田豊、「精神研心理臨床研究」第二号、一九九一）

背伸び・やせ我慢論の先駆的論文である。遅発性犯罪者は、犯罪歴がなく、成人、中年以降、唐突に犯罪に至る者を指している。本書『非行カウンセリング入門』でいうところの「いじっぱり」型であり、犯罪後、刑務所などでは模範囚になることも多い。そうした人たちの犯罪を選択する心理的意味を実に臨床的に浮き彫りにしている。事例検討では、ロールシャッハ・テストのスコア込みで解釈が載っている。

▼「ロールシャッハ診断法Ⅱ」（高橋雅春、北村依子、サイエンス社、一九八六）

巻末に、クロッパー法に準拠したスコアで、非行ではないが犯罪者、神経症者、分裂病者、正常成人ごとに、各指標の出現率、基礎概念出現率が載せられている。私はこの巻末の表をある先輩から参考にしなさいと新人時代にアドバイスされた。もっともロールシャッハ・テストはほとんど勉強しないままにきてしまった。

（2）ソンディ・テスト

ソンディ・テストは背伸び・やせ我慢の姿を検出しやすい尺度を持っていると思う。性衝動や接触衝動は、疎外感や孤独感と戦う姿をありありと示してくれる。また自我衝動では、P型は人との関わりにおいて、例えば人を支配したり優越することで、無力感の払拭を図ろうとし、K型は所有欲求にまつわり、例えば盗むなどして金銭や物を獲得することで自分の世界を構築し、無力感を払拭しようとする姿を見せてくれる。

またeは良心の検閲機能を担っており、経験則でいうと、P（＋0）を示すような場合には、良心的であらねばならないといった窮屈な適応（権威恐怖）に陥り、児童期からの危機（親からの過度な体罰等）を引きずりながら、過剰なやせ我慢状態にあることがある。

文献

▼「ソンディ・テストの非行臨床における効用と限界」（奥野哲也、「現代のエスプリ」第二七三号、特集・運命分析、至文堂、一九九〇）

非行に絞った書籍はないが、非行の分野で第一人者である奥野氏による論文が「犯罪心理学研究」に多数発表されている。それらを包括的、抜粋的に紹介したのが、本論文である。文中、「少年鑑別所入所における心理的影響の測定」の項では、在宅事件の少年、身柄を拘束（少年鑑別所収容）された少年の収容初期及び同じ収容された少年で収容後期の三つの群を比較をした研究を紹介している。ここに掲載されている因子ごとの出現率は、そのまま非行の標準反応の貴重な資料である。私は、出現六%を超える因子だけを書き出した早見表を独自に作り、ビニールケースに入れて、ソンディ解釈の際はいつもそれを手元に置いておいた。

また、奥野氏のソンディアンとしての鋭さを印象付けてくれるのは、K因子とP因子の組み合わせで四類型を設定し、かつ非行との関係を図式化したことである。本論文の表一二に掲載されている（「ソンディ・テストからみた非行の類型」）。私は基本的にこの四類型でまず解釈することにしている。ソンディ・テストは不気味であるとか、直感的すぎるとお嘆きの方は、この四類型から勉強することをお勧めしたい。

▼「非行少年の家族関係をめぐって――ソンディ法と描画法をめぐって」（藤掛明、「現代のエスプリ」第二七三号、特集・運命分析、至文堂、一九九〇）

私もずいぶんとソンディ・テストを愛用してきている。統計的な分析もいくつか挑戦した。一番気に入っているのが、先の奥野論文と同じ雑誌に載せてもらったこの論文のものである。ソンディの辺縁衝動（S、C）を手がかりに、非行少年の家族関係を三類型化したもので、「（家族を離れ）快楽追求型」「家族葛藤型」「家族執着型」と命名した。

4　留意点

非行を背伸び・やせ我慢とその息切れとしてとらえるならば、非行少年たちの一見内向しない貧困で平凡なテスト反応も、自己直面化せずに生き延びようとする彼らの適応努力の一側面としての意味のあることがわかる。

背伸び・やせ我慢型の被検者を前にして、いたずらに彼らの防衛を壊し、開腹手術よろしく内面を深くえぐりだせばよいというものではない。少年たちの現状や面接者に与えられた目的や時間、役割に応じて臨機に介入度を計っていく必要がある。手術は最後の縫合まで責任を持たねばならないからである。これが最大の留意点であり、自戒でもある。

二　実務家の書いた、非行臨床の本

一口に非行臨床、非行カウンセリングの本といっても、さまざまな職域があり、それぞれに切り口がかなり違う。また、社会学的、評論的要素の強い本も多く、そうしたものは臨床からはかなり離れた印象を受ける。また病院などでの臨床で養われたカウンセリングや指導の原則をそのまま移植したかのような本も多いが、どうも実情や必要から離れているように感じる。

ここでは非行の実務家や元実務家が書いた書籍に限って、私自身が何らかの意味で役に立ち、印象に残っているもののみを紹介することにして、非行臨床や非行カウンセリングの実践を試みる方々の参考に供したい。

もちろんここに紹介したもの以外にも、私がたまたま手にしていないだけで良書はたくさんあるだろうし、ここに紹介する書籍の著者たちの多くは、学会や実務の中でお会いしたことのある方なので、その人柄ゆえに実際の文章内容以上に感銘を受けていることもあるかも知れず、客観的な紹介になっていない可能性もある。

しかし、ある程度主観的な紹介のほうが、情報に角度が付いて、興味深いこともある。同業の先輩から勧められた本はたいていの場合、大当たりであり、読む前からその先輩の前口上につられてどきどきして読み始めることが多い。ここでは、そうした先輩の「前口上」の精神にのっとって気ままに紹介することにしたい。

書籍は一応おおざっぱなかたまりに分け、その中では発刊順に紹介している。また取り上げた本の一部はすでに絶版になっているものもあるが、図書館等の利用も可能であることから外していない。

ちなみに、ここで紹介した幾冊かは、かつて読んだことがあっても今は所有していない絶版本であった。そのため、再度読み直そうとしてインターネットで検索し、古本として購入した。サイト名は「日本の古本屋」（http://www.kosyo.jp/）で、私は意中の本二冊をこのサイトの検索で鹿児島市のとある古本屋から瞬時に購入することができた。

1　概説・入門型

非行の統計や時代推移、はたまた各種非行様態の解説や司法システムの解説など、幅広く、かつ平易に扱う入門書群がある。入門書とはいえ、本ごとに、指導に役に立つ指針を盛り込んだり、将来の非行問題を予見してみせたり、意欲的、個性的な内容が含まれている。

▼**『新訂非行少年の心理』（現代心理学ブックス）**（樋口幸吉著、大日本図書、一九六二、新訂一九七四）

非行少年の心理を扱った入門書としては古典中の古典。非行以前の段階の「親に反抗する子」や「学校へいきたがらない子」などといった問題行動から放火や殺人に至るまで幅広く扱い、それぞれについて原因や導き方を平易に語っている。著者は精神科医にして矯正の草創期の中心的な人物のひとりとして活躍した人。私は就職した年にこの本を購入し読んだが、その時点で新訂二三刷であった。一般向け入門書としてするすると読める。

▼**『非行少女の心理』（現代心理学ブックス）**（松本良枝著、大日本図書、一九八〇）

女子非行の総覧的な入門書。著者は最初の女性少年鑑別所長になった人でもある。事例も豊富で、多種類の非行を解説し、原因論から人格特徴まで広範囲の事柄を手際よくまとめている。この本の後継本として同じ著者、同じ出版社の『少女の非行と立ち直り』（一九九五）がある。それにしても大日本図書の新書（現代心理学ブックス、ＮＥＷ心理学ブックス）はコンパクトな非行関連の入門書を輩出していて鮮やかである。

▼**『日本型・少年非行——青年の危機と成長』**（森武夫・郷古英男編、創元社、一九八二）

家裁調査官やその出身者のグループによる意欲作。入門書にして専門書、概説書にして個性本。前半が森武夫氏が、非行を危機に対する反応の一つととらえ、青年期危機から非行を解説している。私が非行を適応努力の一種としてとらえているのと本質的には重なり、肌ざわりのいい論考である。また窃盗、暴走族等の非行種別の解説も続いている。後半は、郷古英男氏の編集で、書名にもあるように「日本型」を意識し、甘え、恨み、被害者意識、意地といった問題を扱い、最後は坪内順子氏の「女性の人生危機」で締めくくっている。いずれも意欲的な論考が続くが、特に坪内論考は、少女の危機を初潮、初交、妊娠出産でとらえたり、娘の思春期危機と母の中年期危機が重なっていることを指摘するなど、臨床的な深さに圧倒される。

▼『現代の非行』（台利夫、屋久孝夫編、教育出版、一九八三）

上記の『日本型・少年非行』の翌年、鑑別所技官とその出身者と家裁調査官らが加わり、やはり意欲的な入門書が出た。上記との比較においては、こちらのほうが一般的で概説的であると思う。非行の心理やパーソナリティの解説に始まり、現代の（もちろん当時としての現代）の非行の様態別の解説と指導が中心をなし、最後の章では司法システムや関係機関の概覧を行い、学校での生徒の懲戒について法的に扱っている。個人的には坪内宏介氏の二章「非行少年のパーソナリティと発達」は、矯正施設の実務経験を織り込んで少年たちのパーソナリティの特徴を指摘しており、教科書的でない説得力があって、当時感銘を受けたのを覚えている。

▼『非行——悪に魅せられる少年少女』（新田健一著、金子書房、一九八六）

平易に非行の心理について解説している本である。著者は少年鑑別所技官出身で、ちょうど少年鑑別所で行われている心理アセスメント等の実務に即して次々に紹介してくれる趣がある。新田氏らが開発した「非行性深度判定徴表」（一九七七）も一頁に表のみであるが掲載されている。これをみると非行性の深まっていく度合いがリアルに概観できる。ちなみに女子版としては坪内順子氏によるもの（一九七九）があり、先の『日本型・少年非行』や『現代の非行』に掲載されている。

▼『**現代の少年非行——理解と援助のために**』（**NEW心理学ブックス**）（萩原恵三編、大日本図書、二〇〇〇）

総覧型の入門書である。共著であるが、それを感じさせない全体のまとまりがある。著者は編者も含め三人いずれもが少年鑑別所の技官である。同社の古典「非行少年の心理」の後継本で、その大役を十分に果たしていると思う。指摘も断定的でなく、随所に臨床実務家としての良識とセンスを感じさせてくれる。

▼『**少年非行の世界——空洞世代の誕生**』（**有斐閣選書**）（清水賢二編、有斐閣、二〇〇〇）

入門書とくくりきれない意欲的な本である。時代の分析もし、現代を空洞世代と名付け、二一世紀の非行の予見までしている。一方で各論の初発型非行、暴力、性、薬物、いじめの各記述は事例も挿入し、なかなか臨床実務的な解説になっている。編者は「少年問題についていま語り合うことのために必要な基礎資料となることを願って」この本を編んだと述べている。編者は元科学警察研究所研究員で、執筆者は家裁、警察関係者が中心である。

2　総登場型

非行は組織が異なり「足場」が違うと、とたんに見える風景が違ってくる。それならばいっそのこと各組織、各風景の人にひととおり登場願って、総花的に合作してしまいましょう、という話になる。非行臨床の普遍的な体系を模索するには難があるが、とりあえず確実に役に立つ。時に自分の足場に一番近そうな章を読んだり、時に百科事典のように読んだりする面白さもある。

▼『**矯正・保護カウンセリング**』（**実践カウンセリング4**）（遠山敏編、日本文化科学社、一九九〇）

カウンセリングの一般原則を扱う本はいくら読んでみても、非行臨床ではどうも通用しそうもない。ならば、正反対にそれぞれの司法機関の業務に密着して現に使われている技法を個々に紹介してしまうのはどうか。そうした総登場型の精神で編まれた、手堅い本である。扱う領域は矯正と保護。「矯正」というのは、法務省矯正局が所管している施設を指す総称で、少年鑑別所、少年院、刑務所等を指している。また「保護」とは同じく法務省保護局所管の保護観察所等を指している。編者は、「矯正」で心理技官等を経験している遠山敏氏。執筆者には矯正や保護の実務家が多数参加している。書名の「カウンセリング」という概念を広げ、実際には広義の心理療法を多く扱っている。特に編者の遠山氏の文章は一皮むけた内容で、実務の実践を扱いながらも普遍的なヒントに富んでいる。なお、この書籍と同じようなまとめ方で、あまり知られていないが「矯正処遇技法ガイドブック第一分冊、第二分冊」（矯正協会、一九九一）がある。こちらは矯正施設で行われている諸技法をこれでもかと大量にとりあげ、ばりばりの実務家が解説している。

▼『司法心理臨床』（心理臨床プラクティス第五巻）（竹江孝・乾吉祐・飯長喜一郎編、星和書店、一九九一）

編者は大学教官と少年センター（警察）の実務家。先の「矯正・保護カウンセリング」が実務サイドに密着することで有用性を増すことができたとすれば、この本はさらにその実務領域を最大限に広げてしまったもの。見た目も分厚い。実務家が見事なほどに総出演し、分担執筆をすることで、多岐にわたる関係各機関の活動内容がわかり、かつ司法システムの俯瞰的な理解までもが得られる。また執筆者の迫力や熱気も感じられる。そうした総出演型の老舗の本ではないかと思う。私がこの本の中で教えられたのは、編者の一人である乾氏の「司法臨床への疑問と関心」の記事である。疑問については、①法の権力を背景にした状況と心理臨床活動とは矛盾した設定ではないか。②司法のアセスメントや治療はどのような理論や体系があるのか、抵抗の処理はどうするのか。といった、病院臨床から見た本質的な疑問を挙げている。この『非行カウンセリング入門』は私なりの疑問への回答である。また、氏は司法心理臨床の実践が、心理相談の基本的枠組みを指し示すとして、①対決と、②中立性を挙げている。まさにそのとおりであると思う。

▼『非行臨床の実践』（生島浩・村松励編、金剛出版、一九九八）
編者は保護観察官と家裁調査官。他の執筆者は多岐にわたる分野の実務家が参加し、総出演型の入門書であり、実務家のための実践報告書でもある。先の「司法心理臨床」の流れを汲むが、非行臨床の独自性をより打ち出し、事例や実践報告的な要素が増えている。また家族療法の訓練を受けた新世代の臨床家が編者2名を中心として存在感を示している。ちなみに私は「心理テストによる診断と援助――少年鑑別所における短期面接から」という記事を執筆。「やせ我慢・背伸び」論と描画テストを使った面接例を紹介した。個人的には村松励論文には特に共鳴し、幾度も読み返し勉強させていただいた。

▼『ケースファイル・非行の理由』（村松励、生島浩、藤掛明編、専修大学出版、二〇〇〇）
入門書ではあるが、事例検討が中心であり、それも現代的な目新しい非行を中心に選んでいるところに特徴がある。親父狩り、校内暴力、殺人、強制わいせつ等、一六の記事が続く。執筆者も各分野の実務家の総出演型になっている。私も「激増するひったくり非行」と「キレる少年のカウンセリング」の二つの記事を担当している。

3　概説・専門型

非行領域全般を扱う専門書がある。多くは体系や類型を意欲的に提起する実力派ぞろいの頼もしい書籍群である。

▼『非行少年の類型』（高橋雅春著、文教書院、一九七〇）
この書は非行理論の平易で教科書的な解説を終えると、後半（第四章）では文字通り非行少年の臨床心理学

的類型を一二に絞り、実務家ならではの具体性で紹介している。著者は若い頃、少年鑑別所の技官としての実務経験を積んでいるが、そこでの鑑別（診断・査定）の枠組みをそのまま示しているような明快な内容である。

非行は、集団か単独か、一過的か反復常習的かで、また攻撃的かそうでないか等で、様相がかなり異なってくる。実務家であればごくごくあたりまえの、自然と体得するような判断枠を、ていねいに説明してくれるようなところがあり、非行専門の司法臨床家というよりは、非行に不慣れな一般のカウンセラーにはもってこいの目ならしの書ではないかと思う。この高橋類型は、現代でも十分に使える内容であるが、絶版になっている。もし現代最新版として、実務家のどなたかが新たに同様の類型ものを書いてもらえるといいのになあと私は真剣に思っている。

▼『増補非行臨床心理学』（水島恵一著、新書館、一九六二、増補一九七一）

非行臨床を体系的総覧的に扱った古典的な名著。臨床心理家が非行に絞って、それも専門書として世に出したのは、このころとしては珍しく、圧倒的な存在感を示し、その後の多くの論文で文献として登場する書でもある。著者は若き日に少年鑑別所や児童相談を経験している。内容は、理論から臨床、診断から処遇に至るまで、当時の文献を網羅し、膨大な内容をまとめたもので、内容に極端な偏りもなく、かといって著者の臨床実務家としての個性も含まれている。非行類型を、急性非行、人格性非行、神経症的非行、不適応性非行、感応性非行、習慣性非行の六つに分けて、説明も臨床的である。『非行少年の解明』（新書館、一九六四）がこの書の続編として発刊された。なお、これらは現在絶版になっているが、同じ著者による二冊のダイジェスト的な内容（それでもかなりボリュームがあるが）として『非行・社会病理学』（人間性心理学大系第八巻）の第二部「非行臨床」（大日本図書、一九八七）で読むことができる。

▼『非行臨床・実践のための基礎理論』（井上公大、創元社、一九八〇）

著者は家裁調査官出身の方である。非行領域の諸問題を臨床的観点から解説を試みたもので、密度の濃い著作である。「非行臨床実践上の諸問題」以降は特に濃い。井上氏は、少年補導（現、月刊少年育成）誌に「非行研究ノート」という連載記事を担当し、それを基にこの著述をまとめられた。私の最初の単著『描画テスト・描画療法入門』も、この同じ雑誌の連載をまとめたもので、連載開始時に編集者から井上氏の「非行臨床」も当誌連載がまとまったものですよと言われ、大いに発憤したのを覚えている。

▼『非行の病理と治療』（石川義博著、金剛出版、一九八五）

著者は医療少年院、医療刑務所の医師の経験がある。精神療法的な立場に立った専門書として多くの専門家が愛読し、よく引用されている。もともと、司法システムでは多くの機関に分業化されており、一貫した事例の追跡や治療が難しい。いきおい査定・診断や、特定分野の指導報告に偏りがちである。また面接や指導の前提に司法の権威構造がある。そのために、司法外の臨床家や、同じ司法内でも他の部署の者からみると、せっかくの専門書もどこか参考になりにくい感じが残る。しかしこの本は医師としての立場を最大に生かし、また司法ケース、病院ケース双方の事例をも対象として、症例報告のスタイルで詳細に事例の終結まで関わりながら考察を行っている。そのため、多くの臨床家、とりわけ司法外の、また事例を治療的、指導的に最後まで関わろうとする臨床家に、共感を呼ぶ内容となっている。また非行少年観や治療観を問題とし、「彼らの態度の奥深くに、苦悩に満ちた声なき訴えや甘えのかすかな呼びかけを察知できるかどうか」「治療者が非行少年の立ち直りと自立する可能性を信じ、人間的な出会いを求めつつ、たゆまぬ語りかけを続ける覚悟ができているかどうか」という二つの問いかけ（二四三頁）を行っている。この治療技術以前の治療者の姿勢を問う石川節も、さらに多くの共感を呼んでいる。なお、同じ著者による共著本で、病院外来のチームで対応した登校拒否や家庭内暴力の症例報告『思春期危機と家族――登校拒否、家庭内暴力のチーム治療』（岩崎学術出版社、一九八六）があり、ここでも石川節を味わえる。

▼『非行少年への対応と援助――非行臨床実践ガイド』（生島浩著、金剛出版、一九九三）

著者は当時保護観察官であり、時に過激な表現で、非行臨床の現場に向けてカンフル注射を打つような熱意がくみ取れる。内容は家族療法の精神を貫き、しゃにむに保護観察官の実務をこなしながら考えたもので、読んでいて説得力がある。それまでの精神療法中心の非行解説の流れからすると、家族療法や家族療法的な働きかけが隆盛していく最初の突破口的な位置にある本だと思う。同じ著者による『悩みを抱えられない子どもたち』（日本評論社、一九九九）は、同じような論旨ながら、もう少し一般的でマクロな視点が加味されている。

▼『子どもの心理臨床』（体系二〇巻）（安香宏、村瀬孝雄、東山紘久編、金子書房、二〇〇〇）

金子書房の強力な基本全集。この巻には「非行」と「性的逸脱」の章で、非行が扱われ、矯正、家裁、警察、児相等の実務経験のある六人の記事が読める。他の巻では、『適応障害の心理臨床』（体系一〇巻）が役に立つ。「学校不適応」、「非行」、「薬物依存」等の章がある。なお、編者の一人である安香宏氏による家族周期論からみた「非行と家族」（『家族の人間関係（二）各論・講座人間関係の心理2』に収録、ブレーン出版」）も秀逸。

▼『非行少年の加害と被害』（藤岡淳子、誠信書房、二〇〇一）

著者の密度の濃い、飾らない文体で、その関心のあるテーマを、アメリカの新しい非行研究と自らの実務経験とで次々と論じていく。しかも、著者の関心が広く、かつ本質的なことがらに向けられているため、本として読むと体系的な専門書のような風格がある。扱う非行も、アメリカの非行理論を武器に、性、薬物、売春、暴力と並んでいる。さらに、非行少年の被害体験を真っ向から語り、また人格障害を積極的に取り上げているところに、本書の新しさがあるし、非行実務家集団の今が反映されているともいえる。「捜査研究」という警察向け雑誌に連載された記事が、本書の半分くらいの基になっているのだが、連載当時から評判になっていた。ちなみに著者は私とまったく同じ同業者の先輩。本書の帯に「法務心理技官からの挑戦」とあって、どきっとしてしまった。

4　トピックス型

総覧的な書もいいが、私の好みとしては曖昧模糊とした臨床の営みを一つの論点で読み解いてくれるような一点重視の書のほうが好きだ。本当に鋭い指摘であればあるほど、応用の利く、日々の臨床に参考になるものが含まれている。

▼**『うらみの心理』**（郷古英男著、大日本図書、一九七八）

この「うらみ」の心理はトピックス型の典型的な書になると思う。著者の家庭裁判所調査官としての実務の実感の中で生み出され、肉付けされた概念である。

私はこの書の存在は知っていたが、文化評論のようなものと勝手に判断して読もうとする気持ちは長らくなかった。しかし先の『非行臨床の実践』の村松励氏の記事のなかに、この恨みの心理を手際よく解説した個所があり、実に臨床的な指摘であることを知り、急いでこの本を手にしたのだった。読んでみると、「うらみ」の心理とは、「相手の仕打ちを不当と思いながら表立ってやり返せず、相手の本心や出方をじっとうかがう」心理であり、甘えと不可分で、受動性を特徴とするという。私が本書で述べた「いじっぱり」の心理とかなりの部分で面白いように重なる概念であった。終章の「『うらみ』からの回復」がわずか数頁で、精神分析療法と内観療法の可能性の示唆で終わっているのは肩透かしをくった感じがした。ただ、この書は著者四五歳の時の上梓であり、「うらみ」の心理は、この後に本格的に展開され、体系化されるはずであった。が、残念なことにこの数年後、前述の「日本型・少年非行」の発刊直前に若くして著者は他界している。

▼『「非行」が語る親子関係』（佐々木譲、石附敦著、岩波書店、一九八八、新装版一九九九年）

この本は、家裁調査官が実務の中で非行少年とその親とかかわった経験を、少年の立ち直りの特徴から「対決」「休止」「離別」「出直し」「出会い」「修正」と名付けて解説していくのだが、とにかく事例がいい。たんたんと記述しているが、事例が語ってくれるような力がある。読んでいて実務家の私でなく、親としての私が揺さぶられる余韻がある。また事例や解説の合間のちょっとしたフレーズも、日ごろよく感じていることをさりげなく指摘してくれる。たとえば「少年たちは、一番気になることを気にかけていないふりをすることがある。解決できそうにないようなむずかしい問題を抱えた少年がよくとる態度である」という具合に。「序にかえて」や「あとがき」を読むと河合隼雄氏から指導を受けたとあるが、そういわれると、事例や文章に無駄がなく、しかも余韻があるあたりは、河合隼雄節に似ているような気がする。

▼『現代ひったくり事情』（藤掛明、産経新聞大阪本社社会部取材班共著、新曜社、二〇〇〇）

産経新聞大阪本社版社会面に長期連載された「アカン許さんひったくり」を分量を半分くらいに減らして再編集したものと、私のひったくり少年たちとのかかわりを記述したものとを合わせたもの。合わせたといっても記者と私の文章が交互に同じテーマで登場するので一つの流れで読める。なぜひったくりが全国で激増したのか。少し前までは大阪でだけ多かったのか。罪責感の乏しさの魔力はなにか。いかにひったくり非行から卒業するか。ひったくり少年のアセスメントとカウンセリングの実践報告としてユニークな出来になったと思う。ちなみにここで書いたひったくり非行記事を、ダイジェストしたものが『非行の理由』と本書の第四章の記事である。

▼『性非行少年の心理療法』（針間克己、有斐閣選書、二〇〇一）

「はじめに」で著者は「主として米国における文献に基づき紹介していくため、必ずしも日本の現状とは一致しない点もあるかもしれない」と語り、私は期待しないで本書を読み進んでいった。ところがおもしろい。読みやすい。まったくバタ臭くない。かなり含蓄のあるくだりや、細やかな指摘でも、短い文章ながら端的な説明が続く。心理療法家としてのセンスのなせる技かもしれない。著者は家庭裁判所の医師としての経験を持ち、「治療動機が自発的なものではない」など、非行臨床を一般臨床と比較しながら親切に助言してくれている。確かに著者のいうとおり、アメリカの研究のセンスの良い紹介の本である。しかし、この本は、日本の本格的な性非行カウンセリングのスタート地点になるのかもしれない。

5　事例カンファレンス型

複数の専門家の協議というのは迫力がある。また文章言葉にはない余韻やニュアンスも伝わってきて、感じるところ大である。ところがそうした逐語づくりの書籍となるとぐっと少なくなるが、いずれも力作である。

▼『非行少年の事例研究』（吾妻洋編、誠信書房、一九七三）

吾妻洋氏が若手の家裁調査官たちとの文献購読会を指導し、いつしか非行事例の検討もするようになった。その際の協議を基に本書が誕生した。正確には逐語録ではないが、臨床感を感じさせる書籍である。事例は五つしかなく、生活史と非行と心理テストをかなり詳細に扱っている。TATの解釈などは図版ごとに行っている。事例検討に先立ち、理論編として、「生活史研究の要点」「非行研究の要点」という二つの章が設けられている。

▼『非行と家族療法』（団士郎ら共著、ミネルヴァ書房、一九九三）

当時京都府下の児相関係者五人が実際の六つの相談事例を面接の逐語を織り交ぜながら紹介し、各事例の最後には「ディスカッション」として、五人の著者らの事例協議がやはり逐語風に掲載されている。内容は家族療法をベースに「児相で扱う非行事例」に取り組んだもので、一般の人が読んでも、専門家が読んでも面白い。臨床実感に満ちている。たとえば非行事例の終結について、登校拒否と比較し、登校拒否は「静」であり、再登校など「動」に至るプロセスをたどるが、非行の場合は、極めて「動」であり、問題解決に至ったとき「静」に転じるという指摘がある（二〇四頁）。著者らが児相というフィールドで、「静」的な問題行動と「動」的な問題行動の双方に取り組んできたからこそできるなかなか鮮やかな対比だと思う。

6　特定の心理技法解説型

心理技法というのは、あるいはその技法の解説書というのは必ず背景を持っている。それが非行臨床である場合には、その解説書が、非行に無関心で、普遍的な解説を狙っていたとしても、読み手が非行に関心を持って読むと、とたんに非行をみずみずしく映し出してくれるユニークな臨床の本になる。

▼**『ロールレタリング』**（春口徳雄、創元社、一九八七）

他人と自分の双方の視点に立って、双方から交互に手紙を書いていく方法を役割交換書簡法と呼び、カタカナ言葉ではロールレタリングと呼ぶ。日本の少年院の教育実践の中から生まれた技法で、今でも多くの少年院で実践されている。この本は本技法の説明を幅広く行っている解説書であるが、出てくる事例は非行中心であり、非行の指導を考える上で示唆に富んでいる（ちなみにこの本の二三四頁の手紙を書いたのは社会人三年目のういういしかった私です）。なお先の『矯正・保護カウンセリング』の中にロールレタリングの項目があり、そこでは同じ著者によるコンパクトな解説記事が読める。

▼**『心理面接のノウハウ』**（氏原寛、東山紘久、岡田康伸編、誠信書房、一九九三）

子ども面接、思春期女子面接、思春期男子面接、といった具合に八つの領域の面接の構造と留意点を扱った記事が続く。書名とは裏腹に、ノウハウでなく実に本質的で掘り下げた内容が扱われていると思う。それぞれがコンパクトな文量で圧縮されている。その中で7章が「非行面接のノウハウ」（藤田裕司）になっている。執筆者は鑑別所の技官経験者で、私も入れ違いで同じ施設に勤務したことがあるので、その熱心な実務家時代の仕事ぶりを職場で聞いたことがある。きちんと権威構造を説明しているし、陰性感情や見捨てられ不安といった概念をカウンセリング場面でどう扱うのか、実際的な要領と助言に満ちている。個人非行カウンセリングを真剣に実践されてきた方なのだとしみじみ思う。ほかに境界例面接や親面接、学校カウンセリングといった章もあり、参考になる。

なおこの本の一年前、『心理臨床家のための119冊』（創元社、一九九二）という書籍が出ているが、その中の非行ジャンルのテーマ解説を同じ藤田裕司氏が行っている。短文であるが、非行面接の問題提起をぴりりと行っている。ちなみに、紹介・解説されている本は『非行の病理と治療』（金剛出版）、『非行をどのように治すか』（誠信書房）『矯正・保護カウンセリング』（日本文化科学社）、『「非行」が語る親子関係』（岩波書店）の四冊である。また、内容を取りあげられないものの、定評ある名著として書名だけ上げているのは『増補非行臨床心理学』『非行少年の解明』『非行臨床』『非行少年の事例研究』『日本型少年非行』の五冊である。紹介書籍は、「精神分析的オリエンテーション」中心であり、一九九〇年代初頭の非行臨床の状況をよく反映している。

▼**『描画テスト・描画療法入門――臨床体験から語る入門とその一歩あと』**（藤掛明著、金剛出版、一九九九）

この本は非行のための本ではなく、あくまでも描画一般の解説書である。しかし、非行臨床での事例を満載しているため、結果的に非行カウンセリングの観点から読んでもいろいろと発見があると思う。たとえば「素顔に触れるとき」では、家出売春少女と恐喝少年の面接事例が、「キレる若者と描画療法」では、分裂病型人格障害の凶悪非行の事例が扱われている。本書の「背伸びの息切れ」という観点から読み直すといずれも典型事例ともなっている。

7　非行カウンセリングに関連して

非行カウンセリングについて、同業の後輩からたずねられると、次のような本を推薦している。

精神分析的な立場からは、まず『心理面接のノウハウ』（創元社）の「非行面接」（藤田裕司）が読みやすく濃密で、示唆に富んでいる。さらに詳細な事例こみで読みたいということであれば『非行の病理と治療』（金剛出版、石川義博）を挙げている。

また家族療法、システムズアプローチの立場からは、まず『非行臨床の実践』（金剛出版）の村松論文、生島論文を勧めている。

非行カウンセリングとしてはかなり手ごわい「窃盗」少年の理解やカウンセリングについて、さらに上級技になる「放火」や「性」非行少年のそれについては、まだ満足できるような本にはめぐり合っていない。窃盗全般ではないが「ひったくり」であれば拙著『現代ひったくり事情』（新曜社）は読むと「目からうろこ」的な感動があるかもしれない。「性非行」については、日本人ではないが、精神科医ストーの『性の逸脱』（理想社）は、男性としての劣等感や無力感をきちんと扱い、性非行の本質をつかんでおり、理解に役に立つ。

なお非行関係の本をほとんど読んだことがない人から、「概説・入門書」の紹介を求められた際には、一番新しいものを紹介するようにしている。今は、平易な文章で、かつ比較的安価であるという条件も考慮し、『現代の少年非行』（大日本図書、九五〇円）の名を挙げることが多い。

おわりに

私は心理技官としての仕事は大阪少年鑑別所が皮切りであった。ある年、同僚技官に誘われるままに大阪の榎坂病院に通い、辻悟先生の精神医学の講義式の研修を受けたことがあった。ここで聞いた話は実に新鮮で、事例に則しており、どれもが先生の臨床実感に基づいた体系であった。特に躁うつ病は、頑張りすぎて順調を希求するあまりに弱い自分を受け入れらずに生じるのだという話は、どこか非行に重なるところがあり、私は漠然と非行は社会的な躁うつ病なのだという印象を持った。

その後、東京近郊での勤務となり、かねてから希望していた家族療法の実地研修を受けることになった。幸運なことに当時国立精神衛生研究所を退官後、船橋市で私設の「国際心理教育研究所」を開き、家族療法のスーパーバイズを行っていた鈴木浩二先生と和子先生の門を叩くことができ、以後二年間長期研修生として、毎週土曜日は朝から晩まで実に密度の高いご指導を受けることができた。ここで担当したケースは、精神分裂病や神経症、うつ病、不登校といったそれまで面接したことのない方々で、「助けてください」とへたり込んで援助を求める人たちであった。私はここで非行以外の臨床を経験したことで逆に非行臨床の独自性を認識するようになった。

また時が熟していたと思うのだが、家族療法の研修を受け始める一年前から、職場の上司であった澤田豊先生（現、新潟少年鑑別所長）から、これもまた実に密度の高いご指導を受け、それまで漠然と疑問に思っていたことや、家族療法の研修で感じたことなどが、まるで一本の紐となるように、次々と解決し、つながっていった。特に本書の「非行少年は無力感、疎外感を否定し（背伸び、やせ我慢し）、払拭するために非行に至る」という考え方は、澤田先生の精緻で深みのある臨床眼には及びもつかないが、先生からご指導いただいた内容である。

そういう意味では本書は澤田先生にまずもって報告すべきものである。しかし同時に本書での悪循環図式やとりあえずの援助、面接の勘どころといった内容は、当時の家族療法研修の経験が、私の中で澤田理論に合いまみれ、新たに定着していったものである。

ちょうど一本の紐体験が始まったころ、浦和保護観察所（現、さいたま保護観察所）の保護司研修会の講師依頼があり、本書の内容と同じようなことをたどたどしくお話しした。しかし自分の体験や感覚をわかりやすい言葉で人に伝えるというのは難しいもので、会場にいた保護司の方々は、さぞかし断片的でわかりにくいものだったのではないかと思う。その反省から、構想を練り直し、多少とも体系的にまとめようと、ちょうど依頼を受けていた東京保護観察所のニュースレター「東京保護観察」に「やせ我慢の心理とカウンセリング」という題名で、連載記事を書かせていただいた。それは書きながら自分の考えが整理されていく幸せな経験でもあった。そして平成九年から、同じテーマで、三重県に本部のある農業団体・全国愛農会の機関誌「愛農」に編集部のご厚意でかなり自由に三年にわたって書かせていただいた。本書はこれらの連載を基に大幅に削除加筆を行ったものである。

ご指導を受けた先生方や機会を与えていただいた関係者の方だけでなく、同僚や同業者とのかかわりも本書の内容に大きく影響を受けていると思う。家庭裁判所調査官の方々、とりわけ永井政樹先生や小畑勝利先生と一緒に同席面接をした経験は今でも私の臨床の核となっており、感謝にたえない。

最後に、前著「描画テスト・描画療法入門」と同様、編集を担当してくださり、やわらかな原稿催促で本書上梓までの流れを作ってくださった田中春夫氏に感謝を申し上げたい。

二〇〇二年一月　富山にて

藤掛　明

■本書は次の原稿に大幅に加筆修正を加え、あるいは要約したものである。

1　「非行少年と家族へのカウンセリング――やせ我慢の心理を中心に」（「月刊少年育成」第四六三号、大阪少年補導協会、一九九四）
2　連載「やせ我慢の心理とカウンセリング」一～七（「東京保護観察」第四八五号～第四九一号、東京保護観察所、一九九五）
3　「心理テストとやせ我慢」（自主シンポジウム「非行・犯罪臨床における『やせ我慢』という視点」、「犯罪心理学研究」第三四巻特別号、日本犯罪心理学会、一九九六）
4　「薬物乱用の『かたち』と『こころ』」（「月刊少年育成」第四九一号、大阪少年補導協会、一九九七）
5　連載「現代こども事情・非行少年が好きになる講座」一～三〇（「愛農」第五八〇号～第六〇九号、全国愛農会、一九九八～二〇〇〇）
6　「非行臨床におけるコラージュ療法」（「現代のエスプリ」第三八六号、至文堂、一九九九）
7　『現代ひったくり事情』（新曜社、二〇〇〇）
8　「激増するひったくり非行」（『ケースファイル非行の理由』、専修大学出版局、二〇〇〇）

■著者略歴
藤掛　明（ふじかけ・あきら）
1958年　埼玉県に生まれる。
1982年　大東文化大学文学部卒業。
同年　　法務省横浜少年鑑別所就職。
　　　　以後，少年鑑別所，少年院各所にて勤務。
現在　　聖学院大学総合研究所。
主な著書
「非行臨床の実践」（共著，金剛出版）
「現代ひったくり事情」（共著，新曜社）
「非行の理由」（編著，専修大学出版局）
「描画テスト・描画療法入門」（金剛出版）など。
http://www.hao.ne.jp/fujikake/

非行《ひこう》カウンセリング入門《にゅうもん》
背伸びと行動化を扱う心理臨床

2002年2月20日　発行
2004年9月20日　3刷

著　者　藤掛　明
発行者　田中　春夫

印刷・太平印刷社　製本・井上製本所

発行所　株式会社　金剛出版
〒112-0005　東京都文京区水道1-5-16
電話 03-3815-6661　振替 00120-6-34848

ISBN4-7724-0731-6　C3011　Printed in Japan